Kurt Scherer

Vergebung –
das zentrale Problem

Seelsorgerliche Hilfen
zum rechten Umgang miteinander

Hänssler-Verlag
Neuhausen-Stuttgart

CIP-Kurztitelaufnahme der Deutschen Bibliothek

Scherer, Kurt:
Vergebung – das zentrale Problem : seelsorgerl. Hilfen zum rechten Umgang
miteinander / Kurt Scherer. – 2. Aufl. – Neuhausen-Stuttgart : Hänssler, 1985.
  (Edition C : C; 73 : Paperback)
  ISBN 3-7751-0766-5
NE: Edition C / C

ISBN 3-7751-0766-5

2. Auflage 1985
EDITION-C Paperback, C 73
© Copyright 1982 by Hänssler-Verlag, Neuhausen-Stuttgart
Umschlaggestaltung: Daniel Dolmetsch
Satz: Bauer & Bökeler Filmsatz GmbH, Denkendorf
Druck: St.-Johannis-Druckerei, Lahr-Dinglingen
Die Bibelstellen sind vorwiegend der revidierten Lutherbibel
1956/64 entnommen.

Inhaltsverzeichnis

Vorwort

»Vergeben ja, vergessen nie!« – ein oft gebrauchter Satz. Was will er sagen?

»Wenn ich daran denke, was du mir angetan hast, kommt mir alles hoch!«

Oder:

»Ich trage dir nichts mehr nach, führe auch in Gedanken keine Strichliste mehr!«

Wo nicht mehr aufgerechnet wird, beginnt ein neues Denken. Der Mensch gesundet in seiner Persönlichkeit. Das hat Auswirkungen auf Leib und Seele. Auch zwischenmenschliche Beziehungen werden heil. Das »Nie-vergessen-Können« bekommt dann den Stellenwert, der ihm zusteht.

»Vergeben« kann »vergessen« heißen! Gott, von dessen Vergebung wir leben – ». . . ich will ihrer Sünde nimmermehr gedenken« (Jer 31,34) – kann unter seinem Einfluß eine innere Heilung im »Nicht-mehr-daran-denken-Müssen« schenken.

»Vergeben« muß nicht »vergessen« heißen! Auch wenn ich nicht vergessen kann, was man mir angetan hat, so braucht mich das nicht mehr zu kränken und zu verletzen, weil ich von Herzen vergeben habe (Mt 18,21 f).

Aber auch im Blick auf die eigene Schuld gilt:

»Vergeben« kann »vergessen« heißen! ». . . ich vergesse, was dahinten ist . . .« (Phil 3,13). Meine schuldhafte Vergangenheit braucht mich nicht mehr zu belasten.

»Vergeben« muß aber auch hier nicht »vergessen« heißen! Gott will das gar nicht immer. In seiner Absicht liegt dann eine heilsame, nicht quälende Erinnerung. Sie soll uns davor bewahren, dieselben Fehler wieder zu machen: »Tretet auf die Wege und schauet und fraget nach den vorigen Wegen, welches der gute Weg sei, und wandelt darin, so werdet ihr Ruhe finden für eure Seele« (Jer 6,16).

Die folgenden Ausführungen, orientiert am Wort Gottes und erprobt in der Praxis, wollen seelsorgerliche Hilfen sein zum rechten Umgang miteinander. Sie leiten an zu einer neuen Gesinnung, der Gesinnung Jesu Christi (Phil 2,5; Mt 5,44; 1 Petr 3,8–11), die in einem neuen Sprechen und Verhalten zum Ausdruck kommt.

Kurt Scherer
Braunfels, im Dezember 1981

Wie Sie mit diesem Buch gewinnbringend arbeiten:

1. Sehen Sie es als ein *Arbeitsbuch* an. Es will Ihnen Gedankenanstöße vermitteln, damit gute Beziehungen entstehen: zu Gott, zu Ihnen selbst, zu Ihren Nächsten.
2. Nehmen Sie eine *Bibel* zur Hand, um die angegebenen Bibelstellen nachzulesen. Sie leiten zu guten Beziehungen an.
3. Gönnen Sie sich die Zeit, was Sie gelesen haben, *betend* zu überdenken.
4. Arbeiten Sie in diesem Buch mit *Farbstiften,* um Aussagen, die Ihnen wichtig erscheinen, zu kennzeichnen:

rot	=	neue Erkenntnis
blau	=	Frage
schwarz	=	eigene Betroffenheit
grün	=	Anwendung für Ihr Leben

5. Sie können auch mit *Zeichen* am Rand arbeiten:

!	=	neue Erkenntnis
?	=	Frage
→	=	eigene Betroffenheit
:	=	Anwendung für Ihr Leben

6. In jedem Kapitel finden Sie einen *Merkvers.* Er gibt eine zu verwirklichende Lebensweisheit wieder. Lernen Sie ihn auswendig, und wenden Sie ihn an.
7. Im Anschluß an jedes Kapitel stehen *Fragen.* Sie wollen Sie zu einer eigenen Standortbestimmung mit Konsequenzen anleiten.
8. Ihre *persönlichen Überlegungen* können Sie auf der freien Seite nach jedem Kapitel festhalten.
9. Wir sind gerne bereit, auf *seelsorgerliche Fragen,* die beim Lesen entstehen, einzugehen.
   Unsere Anschrift: Evangeliums-Rundfunk
   Abteilung Seelsorge
   Postfach 1444
   6330 Wetzlar

Kapitel 1

»Jesus spricht: Wenn aber dein Bruder an dir sündigt, so gehe hin und weise ihn zurecht unter vier Augen. Hört er auf dich, so hast du deinen Bruder gewonnen. Hört er dagegen nicht, so nimm noch einen oder zwei mit dir, damit jede Sache auf Aussage von zwei oder drei Zeugen beruhe. Wenn er jedoch nicht auf sie hört, so sage es der Gemeinde. Wenn er aber auch auf die Gemeinde nicht hört, so sei er dir wie ein Heide und Zöllner. Wahrlich, ich sage euch: Was ihr auf Erden binden werdet, das wird im Himmel gebunden sein, und was ihr auf Erden lösen werdet, das wird im Himmel gelöst sein. Wiederum sage ich euch: Wenn zwei von euch auf Erden eins werden, irgendeine Sache zu erbitten, so wird sie ihnen zuteil von meinem Vater in den Himmeln. Denn wo zwei oder drei in meinem Namen versammelt sind, da bin ich mitten unter ihnen.«
Matthäus 18,15–20

Merkvers: »Wenn zwei von euch auf Erden *eins* werden, irgend-eine Sache zu erbitten, so wird sie ihnen von meinem Vater in den Himmeln zuteil. Denn wo zwei oder drei in meinem Namen versammelt sind, da bin ich mitten unter ihnen« (Mt 18,19–20).

11

Wo zwei oder drei . . .

»Wo zwei oder drei in meinem Namen versammelt sind, da bin ich mitten unter ihnen.« Dieses Jesuswort ist schon oft seinen Nachfolgern zum tiefen Trost und zur großen Ermutigung geworden. Ich denke an die vielen Gläubigen, die mutterseelenallein in ihrer Familie den Weg mit Jesus gehen; oder an die, die ständig am Arbeitsplatz handfest der Konfrontation mit dem praktizierten Unglauben ausgesetzt sind. Wie viele Fragen tauchen da auf! Wieviel Auseinandersetzung findet statt! Wieviel Mut zum Bekenntnis bedarf es, wieviel Durchstehvermögen!

In solchen Lebenslagen wird das Zusammensein mit einem anderen Gläubigen in der Gewißheit der Gegenwart Jesu zum Geschenk. Es stärkt und führt zum Aufatmen.

Oder ich denke an die kleine Schar, die jahrelang schon um eine Erweckung betet, ihren Glauben inmitten einer verführerischen und oft feindlichen Umwelt bekennt, betätigt, dafür leidet. Wie oft kommt sie sich verlassen vor, allen Widrigkeiten ausgeliefert. Da kann die kleine Zahl zur großen Anfechtung werden.

Welche Hilfe liegt da in Jesu Verheißung: »Wo zwei oder drei versammelt sind in meinem Namen, da bin ich mitten unter ihnen.« Wir sind nicht allein! Er, dem alle Vollmacht im Himmel und auf Erden gegeben ist, er ist bei uns und will uns nicht im Stich lassen (Mt 28,18–20; Hebr 13,5).

Mit Jesu Nähe kann jeder Nachfolger Jesu rechnen, ganz gleich, wo er sich befindet. Die einzige Bedingung lautet: »In meinem Namen!« Also nicht in eigener Macht, sondern in seinem Geist, im Bewußtsein seiner Gegenwart. Es kommt nicht auf den Ort, auf die Zeit, die Zahl, auch nicht auf die Bildung, den Stand, Besitz oder die gesundheitliche Verfassung an. Wir sollen an Jesus glauben, ihn lieben, ihm vertrauen, ihn hören, ihm gehorchen, ihn anrufen, abhängig sein von ihm.

Wo diese Sehnsucht, dieses Verlangen nach Gemeinschaft mit Jesus das Herz, unser Denken, erfüllt, da wird seine Gegenwart auch erlebt. Da wird das gemeinsame Gespräch mit ihm zur schöpferischen Quelle neuer Kräfte für Leib, Seele und Geist. Diese Gewißheit: Jesus ist mitten unter uns, bewahrt vor Resignation, führt aus Kleinglaube und Verzagtheit. Die kleine Schar, die zwei oder drei, die in seinem Namen beisammen sind, erleben seine Gegenwart. Sie empfangen Trost in ihrem Leid, Kraft zum Tragen ihrer Lasten, Zuversicht für ihren Lebenskampf, Ermutigung in der Erfahrung: Gott hört Gebet!

Doch diese Zusage Jesu: »Wo zwei oder drei versammelt sind in meinem Namen, da bin ich mitten unter ihnen«, hat eine noch umfassendere Bedeutung. Es geht – wenn wir den Textzusammenhang genau beachten – nicht nur um eine Ermutigung zum Vertrauen, auch nicht nur um Trost für eine kleine Gebetsgemeinschaft, sondern auch um eine seelsorgerliche Anleitung zum richtigen Umgang miteinander, wenn die Gemeinschaft mit Schuld belastet ist. Es geht um den Zusammenhang von sündigen – bekennen – vergeben. Wer sich behutsam und entschlossen an Jesu Anweisungen hält, übt sich ein in ein gottgewolltes, verantwortliches Miteinander.

Wenden wir uns den einzelnen Anweisungen Jesu zu:

I. »Sündigt aber dein Bruder an dir, so gehe hin und strafe ihn zwischen dir und ihm allein.«

1. Wenn dein Bruder dir etwas Böses antut, dann gehe hin zu ihm und bespreche es mit ihm unter vier Augen, bis er es einsieht.

a. Es ist wesentlich, daß wir genau darauf achten, was Jesus sagt: »Sündigt dein Bruder an *dir* . . .« Es geht also darum, daß ich mit meinen eigenen Augen, meinen eigenen Ohren, meinem eigenen Leib einen Bruder eine unbestreitbare Sünde tun sehe oder höre oder erlebe, so daß ich diese Tatsache unmöglich bezweifeln kann. Dann ist meine Aufgabe klar: »Gehe hin zu ihm und besprich es mit ihm unter vier Augen.«

b. Vielleicht werden wir beim Nachdenken über diesen Vorgang an ein anderes Wort Jesu erinnert, in dem er eine ähnliche Aussage macht: »Wenn du deine Opfergabe zum Altar bringst und dort eingedenk wirst, daß dein Bruder etwas gegen dich hat, so laß allda vor dem Altar deine Gabe und gehe zuvor hin und versöhne dich mit deinem Bruder« (Mt 5,23–24).

Es ist damit eindeutig klar: Für den, der sich mit seinem Bruder nicht versöhnt, ist ein rechter Gottesdienst nicht möglich. Versöhnung ist Voraussetzung für Gemeinschaft, die Gott segnen kann.

c. Beachten wir, wer zu wem gehen soll. Jesus will, daß derjenige, der sein Opfer zum Altar bringt und sich dabei erinnert, daß sein Bruder etwas gegen ihn hat, selbst hingehen soll, um die Angelegenheit zu klären. Wem also bewußt ist, daß Unrecht die Beziehungen zueinander belastet oder daß sein Bruder es behauptet, der ist verpflichtet, selbst die Initiative zur Versöhnung zu ergreifen. Also: Ob ich am anderen oder der andere an mir schuldig geworden ist, ich habe die Aufgabe, wenn ich Schuld erkenne, den ersten Schritt zum Frieden zu tun (Hebr 12,14).

d) Viele Nachfolger Jesu lassen sich von einer anderen Auffassung von Versöhnung leiten. Selten denkt einer: »Franz hat mir Unrecht getan. Ich gehe zu ihm hin und regle es.« Viel eher denkt der Betroffene: »Er hat mir doch Unrecht getan. Soll er doch zu mir kommen!« Jesus billigt diese Haltung nicht. Es kann ja sein, daß Franz sich des Unrechts gar nicht bewußt ist. Nimmt man die übliche unbiblische Haltung ein, kommt es kaum zu einer Versöhnung. Franz denkt nicht daran, daß er etwas falsch gemacht haben könnte.

Wenn man in jedem Fall der Weisung der Bibel folgt, kann es kein Mißverständnis geben. Wer unter den beiden Betroffenen die Schuld sieht, der hat sich auf den Weg zur Versöhnung zu machen.

2. »Gehe hin und besprich es mit ihm unter vier Augen!«

a. Die buchstäbliche Befolgung dieser Anweisung Jesu ist gefordert. Es gilt dies in seinem Geist, dem Geist der Liebe und der Zucht, zu tun. Trotz aller Freundlichkeit und Besonnenheit soll das Gespräch seinen ernsten Charakter nicht verlieren. Dabei können uns folgende Regeln helfen:

– Bereiten Sie das Gespräch bewußt im Gebet vor.
  Reden Sie nicht unbedacht!

– Bringen Sie das, worum es geht, sachgemäß vor.
  Sprechen Sie nicht emotional!

- Sagen Sie Ihre persönliche Meinung.
  Verstecken Sie sich nicht hinter einem »wir« oder »man«!

- Kontrollieren Sie Ihre Gefühle/Motive.
  Seien Sie aufrichtig mit sich selbst!

- Hören Sie unvoreingenommen auf die Erwiderungen Ihres Gesprächspartners.
  Lassen Sie ihn ausreden!

- Versuchen Sie, Ihr Gegenüber zu verstehen, warum es so ist, wie es ist.
  Nehmen Sie Ihren Gesprächspartner ernst!

- Sehen Sie in ihm eine von Gott geliebte Persönlichkeit, auch wenn es Ihnen schwerfällt.
  Lieben Sie ihn!

- Denken Sie miteinander darüber nach, wie es zu dieser Ihre Beziehung belastenden Schuld kam.
  Seien Sie aufrichtig miteinander!

- Bringen Sie die Schuld im Gebet gemeinsam vor Gott.
  Vergeben Sie einander!

In diesem Zusammenhang will ich ausdrücklich darauf hinweisen, daß wirklich die Worte gesprochen werden: »Vergibst du mir?« Wenn eine Versöhnung zustande kommen soll, dann ist auch eine klare Antwort nötig: »Ja, ich vergebe dir!« Das Ziel des Gesprächs muß eine auf Vergebung aufgebaute klare Versöhnung sein. Wenn die Vergebung unklar ist, bleibt die Versöhnung nicht dauerhaft.

b. Es gilt zu beachten, daß Jesus uns nicht nur ohne jede Einschränkung befiehlt, diesen Schritt zu tun, sondern auch, ihn zuerst zu tun, bevor wir etwas anderes unternehmen. Kein anderer Vorschlag, keine andere Möglichkeit zur Bereinigung dieser Schuld ist von ihm gestattet. Das ist der Weg, den wir zu gehen haben!

c. Ich kenne aus meiner seelsorgerlichen Erfahrung nur eine einzige Ausnahme, die ein anderes Verhalten rechtfertigen würde, weil die Liebe über allem steht. Es mag die Situation eintreten, in der es nötig wird, den abwesenden Schuldigen anzuklagen, um den Unschuldigen zu retten. Es kann z. B. das Leben des Unschuldigen in Gefahr sein. Die Umstände können so liegen, daß es keinen anderen Weg gibt, als ihn von dieser Gefahr zu informieren, damit kein Unglück geschieht.

Wir wollen dabei aber nie vergessen, daß urteilendes Reden in Abwesenheit des Betroffenen tödlichem Gift gleichkommt. Wenn wir auch in Ausnahmefällen gezwungen sein sollten, es als Arznei zu verwenden, so sollten wir es in bewußter Verantwortung tun, denn dieses Reden kann zur tödlichen Arznei werden. Grundsätzlich gilt: »Gehe hin zu deinem Bruder und besprich es mit ihm unter vier Augen« – ob mündlich oder schriftlich!

II. »Hört er dich, so hast du deinen Bruder gewonnen. Hört er dich dagegen nicht, so nimm noch einen oder zwei mit dir, damit jede Sache auf Aussage von zwei oder drei Zeugen beruhe« (Mt 18,15–16; siehe auch 5 Mose 19,15).

1. Das Ziel ist, die Zahl der Beteiligten bei diesem seelsorgerlichen Gespräch so klein wie möglich zu halten, um keinen Schaden anzurichten.

a. Die erste Begegnung hatte versöhnenden Charakter. Sie wollte den Bruder gewinnen, nicht verdammen. Aber wenn dieser nicht hören will, muß ein zweiter Versuch unternommen werden, wobei nun noch andere dabeisein sollen. Sie sollen Zeuge sein, daß der Versuch der Versöhnung unternommen wurde. »Wenn er jedoch nicht auf sie hört« deutet darauf hin, daß diese Zeugen eine Art Schiedsstelle einnehmen.

b. Es ist notwendig, daß die Zeugen selbst Nachfolger Jesu sind, die – soviel an ihnen liegt – mit jedermann im Frieden leben. Sie sollen geistliche Menschen sein, ausgerüstet mit Weisheit, Liebe, Sachverstand, Unvoreingenommenheit. Sie sollen vorurteilsfrei und unparteiisch sein; auch von jeder Seite akzeptiert werden.

c. Was als Gesprächshilfen schon beim ersten Versuch der Versöhnung genannt wurde, kann auch im erweiterten Gesprächskreis angewandt werden. Doch grundsätzlich wird die Liebe Jesu je nach Sachlage die Art des Vorgehens bestimmen. Man kann keine allgemein gültige Methode für alle Fälle vorschreiben.

Das folgende Vorgehen kann eine Hilfe sein:

- Ehe wir auf die Sache eingehen, sollten die Zeugen in aller Ruhe zuhören,

- während der, der den schuldig gewordenen Bruder aufsucht, sein früheres Gespräch mit ihm nochmals erzählt und mitteilt, was der schuldig gewordene Bruder zu seiner Rechtfertigung angeführt hat,

- damit »alle Sache auf zweier oder dreier Zeugen Mund« bestehe.

Zu diesem Zweck ist es gut, wenn die Zeugen danach
- kurz die Worte des verletzten Bruders

- und die Worte dessen, der verletzt hat, wiederholen;

- die angegebenen Gründe erörtern, erklären, bekräftigen

- und der Zurechtweisung Nachdruck verleihen durch den Hinweis, daß sich der Verletzte richtig verhalten hat.

- Dann sollte die Sachlage nochmals gemeinsam besprochen werden mit dem Ziel, zur gegenseitigen Vergebung zu kommen.

2. Es ist also zu beachten, daß Jesus nicht zwei Wege vorschlägt, sondern ausdrücklich dies und nichts anderes als den zweiten Schritt ansieht. Er schreibt uns auch die Zeit vor, weder vorher noch später, sondern nachdem wir den ersten Schritt getan haben, und bevor wir den dritten Schritt tun. Hüten wir uns davor, einem größeren Kreis etwas weiterzusagen, bevor wir diese beiden Schritte unternommen haben.
Erst dann sind wir berechtigt, das Böse, das ein anderer uns angetan hat, vor die Gemeinde zu bringen, wenn der Schuldige den Rat der zwei oder drei ausgeschlagen hat.

III. »Hört er die nicht, so sage es der Gemeinde.«
Dabei gilt es vorzugehen wie beim ersten und zweiten Schritt: wiederum mit dem Ziel gegenseitiger Vergebung und Versöhnung.

IV. »Hört er aber auch nicht auf die Bitte oder den Willen der Gemeinde, dann betrachte ihn als einen Heiden und Zöllner.« Damit ist allerdings nicht gemeint, daß die Gemeinde den Schuldiggewordenen fallenläßt. Sie macht keine gemeinsame Sache mehr mit ihm, denn er hat sich außerhalb der Gemeinde gestellt (1 Kor 5,9–13; 2 Thess 3,6). Er bleibt nicht nur der Fürbitte, sondern auch der Fürsorge der Gemeinde befohlen, denn wir sollen nach dem Willen unseres Herrn Jesus Christus auch unsere Feinde lieben (Mt 5,44).

V. Im Gesamtzusammenhang dieses Textes bekommt das Wort Jesu »Wo zwei oder drei versammelt sind in meinem Namen, da bin ich mitten unter ihnen« einen ganz neuen Stellenwert. Denn das Ziel unseres Redens mit dem Schuldiggewordenen ist ja, daß er seine Verfehlungen erkennt, bekennt, läßt und den Freispruch, die Vergebung seiner Sünde erfährt.
Jesus sagt: »Ich sage euch die Wahrheit: Was ihr auf Erden binden werdet, soll auch im Himmel gebunden sein, und was ihr auf Erden lösen werdet, soll auch im Himmel los sein. Weiter sage ich euch: Wo zwei unter euch eins werden auf Erden, worum sie bitten wollen, das soll ihnen widerfahren von meinem Vater im Himmel. Denn wo zwei oder drei in meinem Namen versammelt sind, da bin ich mitten unter ihnen.«

1. Jesus selbst ist also als der Bindende bzw. der Lösende gegenwärtig, wo zwei oder drei in seinem Namen unbekannte Schuld behalten bzw. Schuld, die bekannt und bereinigt worden ist, vergeben. Wir sollten das sehr aufmerksam zur Kenntnis nehmen: Das Vergeben ordnet Jesus dem einzelnen Nachfolger zu, aber nicht das Behalten, das Nichtvergeben. Da müssen erst weitere Schritte unternommen werden. Erst dann, wenn der kleine Kreis und die Gemeinde, in denen doch die Vollmacht Jesu selbst gegenwärtig ist, nicht mit dem überführenden Wort beim Sünder durchdringen, kann nicht im Namen Jesu vergeben werden.
2. Dort aber, wo man eins wird in der Bitte um Vergebung, geschieht das Wunder eines Neuanfangs, werden Beziehungen heil, gelähmte Kräfte frei, gewinnt geistliches Leben wieder Ausstrahlungskraft. Denken wir doch auch daran, wenn wir in Zukunft das

Wort hören oder selbst sprechen: »Wo zwei oder drei in meinem Namen versammelt sind, da bin ich mitten unter ihnen.« Da wird uns konkrete Lebens- und Glaubenshilfe angeboten.

Das Einzigartige dabei ist: Wir können einander als Nachfolger Jesu dabei helfen. Wir können auf Gottes wegweisendes Wort hören, im Gebet zu ihm kommen, einander den Zuspruch der Vergebung sagen, einander segnen. Dieser Zuspruch der Vergebung kann im Glauben angenommen und damit real erfahren werden. Immer wieder mache ich diese Erfahrung in der Seelsorge.

Während eines Seminars für Konfliktbewältigung und biblische Lebensgestaltung kommt eine Frau zur Aussprache. Seit vielen Jahren gehört sie zu Jesus. Auch in der Gemeinde ist sie aktiv tätig. Trotzdem ist sie ihres Glaubens nicht recht froh. Im Gespräch kommen wir auf einen Konfliktherd zu sprechen. Es besteht ein gespanntes Verhältnis zur eigenen Mutter. Vieles hat sich im Laufe der Jahre an Groll im Herzen dieser Frau angesammelt. Dadurch ist sie verbittert worden. Sie will oder wie sie es nennt: sie kann ihrer Mutter nicht vergeben. Sie meint, daß diese an allem Dilemma in Ehe und Familie und ihren zwischenmenschlichen Beziehungen schuld sei. Durch weitere Gespräche, unter Einwirkung des Heiligen Geistes, erkennt und bekennt diese Frau, daß nicht nur die eigene Mutter, sondern auch sie selbst Schuld an dieser Lebenslage hat. Dieses Wissen macht sie zu einer neuen Einstellung der Mutter gegenüber bereit. Alle bisherigen Versuche zur Versöhnung scheiterten am Mangel an Liebe und Vergebungsbereitschaft. Nun, in einer neuen Gesinnung, kommt es zum versöhnenden Gespräch. Ein neues Kennen- und Verstehenlernen nimmt seinen Anfang.

Ein andermal kommt ein Geschäftsmann und bekennt, daß er geheimen Groll in seinem Herzen gegen seinen leiblichen Bruder habe. Es handelt sich um eine Erbschaftsangelegenheit. Wir besprechen die Sache. Uns wird klar, daß die Betroffenen nochmals miteinander reden müssen. Wir vereinbaren einen Treffpunkt und Termin. Nach gemeinsamem Gebet, in dem wir um die Leitung des Heiligen Geistes bitten, kommen wir auf die Angelegenheit zu sprechen. Wir finden einen Vergleich, der den einen versöhnt und dem anderen den Frieden seines Herzens wiederbringt.

3. Gewiß, wir wissen innerhalb der Gemeinde Jesu um den Willen Gottes, um Sünde, Erlösung, Gnade und Gebet. Aber dieses Wissen ist weithin nur noch ein Wissen an der Oberfläche, ein Wissen ohne Tiefenwirkung. Es wird nicht umgesetzt in praktische Liebe und Vergebung. So bekommen auch selten die bedrängenden Fragen Antwort: Wie kommt mein Leben mit meinem Nächsten in Ordnung? Wie hört der verderbenbringende Weg auf, den ich gehe? Wie findet mein Umgetriebensein ein Ende? Wie bekomme ich ein gutes Gewissen? Wie finde ich endlich Frieden, die Ruhe meines Herzens und wirklich bleibende Freude? Vor allem: Wie wird mein Leben ein fruchtbares Zeugnis für Jesus Christus?

Wenn Schuld und Sünde nicht mehr ernstgenommen werden, werden auch Vergebung und Versöhnung nicht mehr ernstgenommen. Werden aber Vergebung und Versöhnung nicht mehr ernstgenommen, geschieht auch keine echte Befreiung des Lebens mehr. Aufgrund dieses kausalen Zusammenhangs sind viele Nachfolger Jesu müde und beladen, ja geradezu unfähig, ihm gehorsam nachzufolgen. Darum Jesu Hinweis, der zugleich eine Einladung ist: »Wo zwei oder drei in meinem Namen zusammen sind, da bin ich mitten unter ihnen.« Und: »Was ihr auf Erden binden werdet, soll auch im Himmel gebunden sein, und was ihr auf Erden lösen werdet, soll auch im Himmel los sein. Wo zwei eins werden, worum sie bitten wollen, das soll ihnen widerfahren von meinem Vater im Himmel.«

Jahrelang lebte ein Mann, der sich früher treu zur Gemeinde hielt, im Ehebruch. Er konnte sich weder dafür entscheiden, sich von seiner Familie zu trennen noch von der Frau, mit der er zusammenlebte. Die Familie litt furchtbar unter dieser Situation. Doch auch ihn kostete es viel Kraft an Leib, Seele und Geist. Das Wissen, bewußt in der Sünde zu leben und damit Schuld auf sich zu laden, machte ihn so fertig, daß er mit dem Gedanken spielte, sein Leben zu beenden. Alle Versuche, im Einzelgespräch wie auch mit den Ältesten der Gemeinde, brachten keine Wende. Trotzdem, unter äußerster Anspannung, mit viel Anfechtung und Schmerz, blieb seine Familie für ihn offen. Geschwister der Gemeinde kamen über lange Zeit regelmäßig zum Gebet für alle Beteiligten zusammen. Gott schenkte es in diesem Fall, daß der

Mann einsichtig wurde in Gottes Willen mit seinem Leben. Er war total am Ende seiner Kraft. Doch statt sein Leben eigenwillig zu beenden, hatte er nur noch das Verlangen, erlöst und von allen seinen Lasten befreit zu werden. Schwierige Entscheidungen mußten von ihm getroffen und schwere Wege gegangen werden. Aber er ging sie. Er bekannte Gott seine Schuld wie auch seiner Frau, und beide vergaben ihm. Unter Handauflegung wurde ihm die Vergebung seiner Sünden gewiß. Er lernte neu leben – aufgenommen, angenommen und geliebt von seiner Frau, seinen Kindern, seiner Gemeinde und Gott.

4. Mit dem Bekennen und Aussprechen der ganz persönlichen Schuld ist dem Streben nach eigener Gerechtigkeit, nach der eigenen weißen Weste, ein Ende gesetzt. Der Widerstand gegen die Gnade, den Neubeginn des Lebens, ist gebrochen. Aussprechen ist Hilfe gegen die Verniedlichung der eigenen Übertretungen und damit der große Gegenschlag gegen die Sünde. Der Mensch gibt sich der angebotenen Gnade in Jesus Christus preis. Damit ist der Weg in die Gemeinschaft mit Gott und dem Bruder und der Schwester wieder offen (1 Joh 1,6–7). Beichte will also barmherzige Hilfe sein für Menschen, die angefochten und umgetrieben sind, die rast-, ruhe- und friedlos sind, aufgrund unbereinigter Schuld in ihrem Leben.

In der Beichte darf alles ausgesprochen werden, was bis in die tiefsten Tiefen hinein beschwert. Es soll jedoch nicht primär von sündigen Zuständen gesprochen werden, wie: ich kann nicht glauben; ich kann der Predigt nicht folgen; ich kann mich im Gebet nicht konzentrieren . . ., sondern es soll geredet werden von den sündigen Taten, und zwar von den eigenen und nicht von denen anderer. Schuld, die vor Menschen bereinigt werden kann, ist nicht durch die Beichte von vornherein bereinigt, wenn sie vor Menschen nicht in Ordnung gebracht wird. Das gilt aber auch umgekehrt, denn alle Wiedergutmachung ist kein Ersatz für die Beichte, das Bekenntnis vor Gott, daß ich schuldig bin. Das entspricht ganz der seelsorgerlichen Mahnung Jesu: »Ehe du zu Gott kommst mit deinen Anliegen, bereinige zuvor das, was zwischen dir und deinem Bruder zu bereinigen ist; dann aber komm und tritt vor Gott« (Mt 5,23).

5. Das Ziel der Aussprache, der Beichte vor Gott, in der Gegenwart eines an Jesus Christus glaubenden Menschen, ist die Absolution, der Zuspruch der Vergebung, der Freispruch. Es ist jenes Wort, das sich der Mensch selbst nicht sagen kann. Es ist das Wort der Vergebung, das ihm nur von außen zugesprochen werden kann, als Wirklichkeit und gegenwärtige Tat des barmherzigen Gottes. Auf dieses Wort hin kann der Beichtende glauben, daß alle bekannte Sünde, weil sie von Jesus Christus am Kreuz von Golgatha gesühnt worden ist, auch wirklich vergeben ist und den begnadigten Sünder nicht mehr verklagen kann.*

Dadurch ist ein neuer Anfang gegeben. Die Vergangenheit ist bereinigt und die Belastung des Herzens weggenommen. Die Bedingung, die von Gottes Seite gefordert ist, ist gegeben: das für uns vergossene Blut Jesu, sein Sterben für uns (Hebr 9,22). Die Voraussetzung von seiten des Menschen ist das erschrockene Gewissen über die eigene Sünde, die tätige Reue und die Bereitschaft, den neugeschenkten Anfang zu verwirklichen (Jes 57,15). Wer dies tut, dem wird nach Gottes Wort die Vergebung im Glauben zugeeignet (1 Joh 1,9). Absolution als Zuspruch der Vergebung kann nicht nach den Gesetzen der Psychologie oder Psychotherapie begriffen oder begründet werden. Es handelt sich um ein Wunder der Gnade Jesu, denn wirksam wird die vom Menschen im Namen Jesu zugesprochene Vergebung erst durch das Handeln Gottes in seiner Vollmacht und in seinem Erbarmen und in seiner Bestätigung durch die Kraft des Heiligen Geistes im Leben dessen, der die Vergebung für sich persönlich in Anspruch nimmt.

6. Das Geschehen in der Beichte und der zugesprochenen Vergebung bedeutet oftmals den entscheidenden Wendepunkt zu einer freudigen, vollmächtigen Jesusnachfolge. Außerdem bleibt es eines der Geheimnisse der Gnade Gottes und seiner Liebe, daß unter solchem Geschehen immer wieder nicht nur die Seele gesundet, sondern Heil und Heilung für Leib, Seele und Geist gegeben werden.

Wer Beichte und Vergebung bisher nicht den rechten Stellenwert in seiner Nachfolge hat zukommen lassen, ging damit eines barm-

---

* Kurt Scherer, Mit Streß leben, Hänssler-Verlag

herzigen Angebotes Gottes verlustig. Denn wir haben die Beichte und die Vergebung zum Wachsen im Glauben und zur Reifung in der Heiligung nötig. Wir werden dadurch von und für Gott gebrauchsfähiger gemacht. »Denn so wir sagen, wir haben keine Sünde, so verführen wir uns selbst, und die Wahrheit ist nicht in uns. So wir aber unsere Sünden bekennen, so ist Gott treu und gerecht, daß er uns die Sünden vergibt und reinigt uns von aller Untugend« (1 Joh 1,8–9). Das Verschweigen muß oft bezahlt werden mit dem schweren und bitteren Preis der Leere, der Verkrampfung, der Frustration im Glauben. Neubelebung im Glauben beginnt immer dort, wo Menschen durch das Tor der Sinnesänderung zur Freude eingehen. Darum Jesu Aufforderung: Denkt um! Ändert eure Gesinnung! Mit der Beichte wird uns von Gott eine gnadenvolle Möglichkeit gegeben, Stärkung, Trost, Vergebung, Heilung, Befreiung, Hoffnung, Freude zu haben. Dieses Angebot sollte niemand ausschlagen!

Darum noch einmal: Denken Sie doch daran, wenn Sie in Zukunft das Wort Jesu hören oder lesen: »Wo zwei oder drei in meinem Namen beisammen sind, da bin ich mitten unter ihnen«, daß Ihnen damit immer eine Tür offensteht zu neuen Erfahrungen mit Ihrem Herrn Jesus Christus und mit Ihren Brüdern und Schwestern in der Gemeinde.

VI. GEBET

Schuld und Strafe sind erlassen,
Gott erbarmt sich über mich;
dies Wort darf ich Sünder fassen,
und mein Glaube freuet sich.
Lobe Gott, befreite Seele!
Diese Schenkung ist ja groß;
seine gnädigen Befehle
machen mich von Ketten los.

Meine Rechnung ist vollendet,
weil ein reicher Bürge kam,
der sein teures Blut verwendet
und die Zahlung auf sich nahm.
Nicht ein Heller blieb mir stehen,
Millionen sind gebüßt;
o wie wäre mir geschehen,
wenn ich selber büßen müßt!

O wie hat der Schulden Menge
mich in tausend Not gebracht!
Wie hat mir des Königs Strenge
und mein Armsein bang gemacht!
Aber Gott ließ sich erbitten,
da ich flehend vor ihn trat,
weil mein Bürge in der Mitten
selber für den Schuldner bat.

Nunmehr darf ich wieder leben,
kein Gefängnis ficht mich an.
Alles hat mir Gott vergeben,
alles Jesus abgetan.
Darauf kann ich froh erblassen,
meine Seele tröstet sich:
Schuld und Strafe sind erlassen,
Gott erbarmt sich über mich.

Philipp Friedrich Hiller, 1699–1769
EmKG Nr. 365

Fragen zu Kapitel 1 – »Wo zwei oder drei . . .«

Unter welchen Voraussetzungen gilt Ihnen die Verheißung: ». . . da bin ich mitten unter ihnen?«

_____

_____

_____

_____

Was bedeutet es, wenn Jesus da ist?_____

_____

_____

_____

_____

Jesus gibt konkrete Anweisungen für den richtigen Umgang miteinander:

I. Wozu werden Sie aufgefordert, wenn Ihr »Bruder« (Ihre »Schwester«) an Ihnen sündigt oder Sie an ihm schuldig geworden sind?_____

_____

_____

_____

_____

Wie sollte ein solches Gespräch verlaufen?_____

_____

_____

_____

Welches Ziel haben Sie, wenn Sie sich unter vier Augen aussprechen?_____

_____

_____

_____

II. Welchen nächsten Schritt ordnet Jesus an, wenn der »Bruder« (die »Schwester«) nicht auf Sie hört?_____

25

_____

_____

Was ist der Grund für diese Anweisung? _____

_____

_____

_____

Welche Aufgabe kommt den Zeugen zu? _____

_____

_____

Welche Voraussetzungen gelten für die Zeugen?

_____

_____

_____

Welche Gesprächshilfen gibt es, damit die
Begegnung gut verläuft? _____

_____

_____

_____

III.   Welcher Personenkreis soll erst nach diesen
beiden Schritten informiert werden, wenn der
»Bruder« (die »Schwester«) immer noch nicht
»hört«? _____

_____

_____

_____

Sind Sie bisher immer so vorgegangen? _____

_____

_____

_____

IV.   Was meint Jesus mit: »Er soll dir wie ein Heide
      und Zöllner sein?« _____

      _____

      _____

      _____

      _____

      Wie werden Sie sich diesen Menschen gegenüber
      verhalten? _____

      _____

      _____

      _____

      _____

      Vergleichen Sie Ihr Verhalten und die Aussage:
      »Jesus war ein Freund der Zöllner« miteinander.
      Was stellen Sie fest? _____

      _____

      _____

      _____

V. 1. Was bedeutet nun in dem Textzusammenhang das
      Wort Jesu: ». . . da bin ich mitten unter ihnen?« __

      _____

      _____

      _____

      _____

      Was heißt binden und lösen? _____

      _____

      _____

      _____

      _____

   2. Zählen Sie einige Auswirkungen auf, die die Bitte
      um Vergebung auslöst? _____

      _____

_____

_____

_____

3. Worin liegt der Grund, daß Sie Vergebung so
   wenig erfahren? _____

   _____

   _____

   _____

   _____

4. Was sind die Folgen, wenn Sie persönliche Schuld
   vor Menschen aussprechen? _____

   _____

   _____

   _____

   _____

5. Welches Ziel hat das Bekennen vor Gott in
   Gegenwart eines Menschen? _____

   _____

   _____

   _____

   _____

6. Welche Bedingung hat Gott gegeben, damit
   Schuld vergeben werden kann? _____

   _____

   _____

   _____

   Nennen Sie Auswirkungen des Bekennens auf
   Leib, Seele und Geist. _____

   _____

   _____

   _____

   _____

Persönliche Fragen:

Nun haben Sie sich intensiv mit den Anweisungen Jesu für den gottgewollten Umgang miteinander beschäftigt.
Gibt es in Ihrem Leben Menschen, mit denen Sie in einer ungeklärten, unbereinigten Beziehung leben? _____

_____

_____

_____

_____

Was sind die Gründe dafür? _____

_____

_____

_____

_____

Was haben Sie getan, daß es zur gegenseitigen Vergebung kommt? _____

_____

_____

_____

Was können Sie jetzt tun? _____

_____

_____

_____

_____

Was hindert Sie daran, das jetzt zu tun? _____

_____

_____

_____

_____

_____

_____

Merkvers: »Wenn zwei von euch auf Erden *eins* werden, irgendeine Sache zu erbitten, so wird sie ihnen zuteil von meinem Vater in den Himmeln. Denn wo zwei oder drei in meinem Namen versammelt sind, da bin ich mitten unter ihnen« (Mt 18,19–20).

Name: _____

Vorname: _____

Straße: _____

Ort: _____

Beruf: _____

Geburtsdatum: _____

Persönliche Überlegungen:

Kapitel 2

Da trat Petrus zu Jesus und sprach: Herr, wie oft muß ich denn meinem Bruder, der an mir sündigt, vergeben? Ist's genug siebenmal? Jesus sprach zu ihm: Ich sage dir: Nicht siebenmal, sondern siebzigmal siebenmal. Darum ist das Himmelreich gleich einem König, der mit seinen Knechten abrechnen wollte. Und als er anfing zu rechnen, wurde einer vor ihn gebracht, der ihm zehntausend Pfund schuldig war. Da er's nun nicht bezahlen konnte, befahl der Herr, ihn und seine Frau und seine Kinder und alles, was er hatte, zu verkaufen und damit zu bezahlen. Da fiel ihm der Knecht zu Füßen und flehte ihn an: Hab Geduld mit mir; ich will dir's alles bezahlen. Da hatte der Herr Erbarmen mit diesem Knecht und ließ ihn frei, und die Schuld erließ er ihm auch. Da ging dieser Knecht hinaus und traf einen seiner Mitknechte, der ihm hundert Silbergroschen schuldig war; und er packte ihn und würgte ihn und rief: Bezahle alles, was du mir schuldig bist! Da fiel sein Mitknecht nieder und bat ihn: Hab Geduld mit mir; ich will dir alles bezahlen. Der wollte aber nicht, sondern ging hin und ließ ihn ins Gefängnis werfen, bis er bezahlt hätte, was er schuldig war. Als aber seine Mitknechte das sahen, wurden sie sehr betrübt und kamen und erzählten ihrem Herrn, was sich begeben hatte. Da forderte ihn sein Herr vor sich und sagte zu ihm: Du Schurke! Diese deine ganze Schuld habe ich dir erlassen, weil du mich gebeten hast; hättest du dich da nicht auch über deinen Mitknecht erbarmen sollen, wie ich mich über dich erbarmt habe? Und sein Herr wurde zornig und überantwortete ihn den Peinigern, bis er bezahlt hätte, was er ihm schuldig war. So wird auch mein himmlischer Vater an euch handeln, wenn ihr euch nicht von Herzen vergebt, ein jeder seinem Bruder.
Matthäus 18,21–35

Merkvers: »Petrus sprach zu Jesus: ›Herr, wie oft muß ich denn meinem Bruder, der an mir sündigt, vergeben? Ist's genug siebenmal?‹ Jesus sprach zu ihm: ›Ich sage dir: Nicht siebenmal, sondern siebzigmal siebenmal‹« (Mt 18,21–22).

Wie du mir – so ich dir

»Wie du mir – so ich dir!« Ein nicht nur im Volksmund ge-
bräuchliches Wort, sondern auch ein in der Praxis angewandtes
Verhalten. Es sieht so aus, als ginge es in den zwischenmenschlichen Beziehungen gar nicht mehr anders. Das gilt im großen wie
im kleinen. Es ist nicht nur bei den Kindern so, sondern auch bei
den Erwachsenen: Man zahlt heim, offen oder hinterhältig, was
einem der andere an Unrecht zugefügt hat; ob es sich nun tatsächlich so verhält oder man von Vermutungen ausgeht. Es gibt aufgrund dieser Sachlage nicht nur Weltkriege, sondern auch Klein-
kriege, sogar mit dem eigenen Fleisch und Blut.

Erinnern Sie sich an die sog. V-Waffen des letzten Weltkrieges?
Sie sollten ein wirksamer Vergeltungsschlag gegen den Feind sein.
Wir müssen uns klarmachen, daß die V-Waffe eines Menschen,
der an Jesus Christus glaubt, nicht die Vergeltung, sondern die
Vergebung ist. Wie du, Jesus, mir – so ich dir, meinem Nächsten!

I. Jesus hat mehrmals eindringlich zu diesem Problem von Vergeltung und Vergebung Stellung genommen. Das löste bei seinen
Jüngern einen neuen Denkprozeß aus. Sie sahen sich in ihrem bisherigen Verhalten in Frage gestellt.

1. Petrus brachte das zum Ausdruck. Er wußte, daß er zu vergeben
hatte. Das war ihm schon bekannt als Zugehöriger zum Alten
Bund. Neu aber war für ihn, daß Jesus die gesetzliche Umklam-
merung löste und das Vergeben nicht mehr als verdienstliches
Werk wertete, sondern eine Gesinnung der Vergebung verlangte.
Jesus hat aus dem Außenantrieb durch das Gesetz, aus dem »du
mußt«, einen Innenantrieb durch den Geist und die Liebe Gottes
gemacht, ein »du kannst«. Um dieses Neue, dieses »du kannst«,
ging es bei der Frage des Petrus, mit der er zu Jesus kam: »Herr,
wie oft muß ich denn meinem Bruder vergeben, der an mir sündigt?«

2. Was hat Petrus wohl bewegt, als er so fragte: »Herr, wie oft
muß ich vergeben?«

– Ob Jesu Vorbild ihn so beeindruckte?

33

Er war so ganz anders als die andern. Zu allen Menschen war er gut. Er begegnete der Hure nicht voreingenommen. Er schrieb die Ehebrecherin nicht ab, auch wenn er ihr Verhalten nicht guthieß. Den Zöllner verachtete er nicht. Er hatte Gemeinschaft mit ihm, auch wenn er keine gemeinsame Sache mit ihm machte. Dem Pharisäer gab er keine Vorschußlorbeeren, trotz seines ethisch-moralisch vorbildlichen Lebens. Dem Reichen mißgönnte er seinen Reichtum nicht, auch wenn er ihn auf die Gefährlichkeit dieser Macht hinwies. »Denn wo euer Schatz ist, da ist euer Herz« (Mt 2,21).

Jesus ging es weder um Sympathie noch um Antipathie im Umgang mit den Menschen. Seine Liebe zu ihnen war grenzenlos.

– Sollte Petrus so leben: »Liebet eure Feinde; segnet, die euch fluchen; tut wohl denen, die euch beleidigen und verfolgen . . .?« (Mt 5,43–48).
   Also nicht mehr Gleiches mit Gleichem vergelten? Er konnte sich doch nicht ständig selbst vergewaltigen. Das war ja eine einzige Krampferei, sich nicht mehr abreagieren zu können. Das war ja Streßreligion und nicht Evangelium, ständig diesem Druck ausgesetzt zu sein: »Du mußt!«
   Petrus sah darin eine Überforderung seiner Person. Und doch sagte Jesus: »Wer mir nachfolgen will, der verleugne sich selbst . . .?« (Mt 16,24).

– Oder dachte Petrus: Wenn ich Jesus anbiete, siebenmal zu vergeben – die Rabbiner der damaligen Zeit wußten sich nur zum dreimaligen Vergeben verpflichtet –, dann ist das so großzügig, daß er mir gewiß sagt: Nun mal langsam, Petrus, alles hat seine Grenzen! Man kann mit seiner Vergebungsbereitschaft auch übertreiben. Solche Nachsicht ist doch keine Hilfe. Was soll das?

– Petrus ging es um diese Grenze. Er wollte von Jesus wissen, wann er ohne schlechtes Gewissen mit dem Vergeben aufhören könnte. Das zu wissen wäre beruhigender, als ständig diesem Anspruch ausgesetzt zu sein, zu lieben, wie Jesus liebte, und zu vergeben, wie er vergab.

3. Das ist für viele, bewußt oder unbewußt, auch heute die Frage: »Herr, wie oft muß ich vergeben?« Sie stellt sich im Umgang mit den Familienangehörigen, den Freunden, den Nachbarn, den Arbeitskollegen; überall dort, wo Menschen miteinander leben. Sie ist das zentrale Problem des menschlichen Miteinanders.

4. Jesus antwortete – und diese Antwort ist verbindlich für alle, die ihm nachfolgen wollen: »Petrus, ich sage dir: Nicht siebenmal, sondern siebzigmal siebenmal.« Das heißt: Es gibt für dein Vergeben keine Grenze. Es geht nicht um ein punktuelles Vergeben. Es geht um deine Gesinnung. Ich will von meinen Nachfolgern eine Gesinnungshaltung der Vergebung.

II. Im folgenden Gleichnis erklärt nun Jesus, was er damit meint:

– Ein Mensch, der zu Jesus gehört, muß nicht mehr nach dem Motto leben: Wie du mir, so ich dir! Auge um Auge, Zahn um Zahn! Er kann seinen Nächsten lieben, auch seinen Widersacher, weil er sich selbst von Gott geliebt weiß.

– Ein Mensch, der zu Jesus gehört, kann dem an ihm schuldig Gewordenen vergeben, weil er selbst aus Gottes Vergebung lebt. Unser Leben gestaltet sich in einer zweifachen Beziehung: einmal zu Gott, unserem Schöpfer; zum anderen zu unserem Nächsten. Also auch in zweifacher Verantwortung!

1. Betrachten wir zuerst unsere Beziehung zu Gott. In unserem Gleichnis: dem König.

– Gott gibt dem Menschen das Leben. Er hat ihn als originale Persönlichkeit geschaffen. Damit der Mensch sein Leben verantwortlich gestalten kann und nicht ziellos und damit sinnlos lebt, gibt Gott ihm Wegweisungen. Sie sind Ausdruck seiner Liebe und Fürsorge.

– Doch der Mensch in seiner Eigenwilligkeit setzt sich über diese Anweisungen zum Leben hinweg. Er will selbst bestimmen, wohin sein Weg geht, was er aus seinem Leben macht, wie er mit sich und seinem Nächsten umgeht. Die Erfahrung zeigt: Er trachtet zuerst nach seinem eigenen Vorteil, ist sich selbst der Nächste.

- Gott zieht den Menschen für sein Verhalten zur Rechenschaft:
  »Und Gott fing an, abzurechnen . . .«
  Was hast du aus deinem Leben, das ich dir anvertraut habe, ge-
  macht? Wie bist du mit meinen Anweisungen zum Leben um-
  gegangen? Wozu hast du meine Gaben – Denken, Sprechen,
  Hören, Sehen . . . – eingesetzt?

- In der Gegenwart Gottes muß der Mensch feststellen:
  Ich wurde meiner Verantwortung nicht gerecht;
  ich habe in eigener Regie mein Leben verwaltet;
  unabhängig von Gottes Anweisungen gestaltet;
  am Nächsten vorbeigelebt;
  eigensinnig das Ziel verfehlt.

- Jesus sagt, daß der Hauptschuldner dem König – einmal in unserer Währung ausgedrückt – 70 Millionen Mark schuldig war.
  Ohne Bild gesprochen: Der Mensch ist total verschuldet. Er
  muß seinen Bankrott anmelden. Er ist ein Sünder, getrennt von
  der Gemeinschaft mit Gott. Seine Situation ist aussichtslos!

- Es gibt kein Abstreiten dieses Tatbestandes. Kein Herausre-
  den. Auch die Seinen können nicht für ihn geradestehen, alles
  ist offenbar, eindeutig und klar: Ich selbst bin vor Gott schuldig
  und kann es nicht ungeschehen machen.

- Diese Erkenntnis wirkt Erschütterung. Und diese zwingt auf
  die Knie. Der Mensch bekennt seine Schuld, beichtet, bittet um
  Geduld – Verzögerung der Abrechnung: »Herr, habe Geduld
  mit mir.«

- Gott verzögert die Abrechnung nicht. Er nennt Schuld Schuld.
  Doch den Schuldner liebt er. Daher läßt er Gnade vor Recht ergehen. Er richtet den vor ihm Liegenden auf, gibt ihm die Hand
  zur Versöhnung, schenkt ihm einen neuen Anfang seines Lebens.

- Weil es nichts zu annullieren gibt, gibt es Vergebung! Und dies
  um Jesu willen. Er hat durch sein Sterben am Kreuz von Golgatha ein für allemal die Sache mit Gott in Ordnung gebracht.

Stellvertretend nahm er die Strafe des Menschen auf sich, damit dieser frei und versöhnt mit Gott in Gemeinschaft leben kann.

2. So kann für jeden, der sein Leben diesem Jesus anvertraut, aus dem Minus vor seinem Leben ein Plus werden. Vergebung ist der Ausgangspunkt für ein siegreiches Leben. »Ist jemand in Jesus Christus, so ist er eine neue Schöpfung. Das Alte ist vergangen, ein ganz Neues hat begonnen« (2 Kor 5,17). Jesus ist nicht im Tode geblieben. Gott hat seinen Gehorsam bestätigt und ihn auferweckt zu neuem Leben (1 Kor 15), ihn zum Sieger über die Sünde, den Tod und den Teufel werden lassen. Wer mit ihm lebt, hat Anteil am Leben Gottes.

Diese Erfahrung gibt dem Leben einen neuen Sinn und Wert. Die Angst, die Gewissensnot: einmal fliegt alles auf, einmal kommt die Abrechnung – ist weg! Wie neu geboren geht er aus der Begegnung mit Gott hervor. Reicher als je geht er ins neue Leben. Zum ersten Mal hat er es erfahren, was wirklich tiefe Lebensfreude bedeutet: Frieden mit Gott; aus der Vergebung leben.

Doch dies ist nur die eine Seite dieser lebensverändernden Erfahrung. Um die andere bringt sich der Begnadigte im Gleichnis selbst und verliert damit auch die erstgemachte Erfahrung, wie der unerwartete Fortgang des Gleichnisses zeigt.

3. Der Hauptschuldner begegnet einem seiner Nächsten. Der ist ihm, im Vergleich zu dem, was er seinem König schuldig war, ein paar Groschen schuldig. Er steht also unerwartet in dem gleichen Verhältnis, in dem der König noch vor wenigen Augenblicken zu ihm selber stand, nur unvergleichlich harmloser. Aber nun handelt er seinem Nächsten gegenüber gerade umgekehrt, wie der König an ihm handelte. Er läßt die menschliche Logik von Schuld und Strafe sich entfalten. Nun kann man ja kaum etwas dagegen sagen, solange man nur die menschlichen Spielregeln als Maßstab hat und den einen Faktor nicht berücksichtigt, der aber den Ausschlag gibt: Dieser Mensch hat eine Erfahrung mit Gott gemacht, und was er mit Gott erlebte, müßte nun auch seine positiven Auswirkungen in seiner Umgebung finden. Doch er verhält sich, als habe er eben diese Erfahrung nicht gemacht. Wie ausgelöscht ist sein Erleben. Er reagiert nach dem Echogesetz der Welt:

»Auge um Auge, Zahn um Zahn.« Er lebt seine Aggressionen aus und geht seinem Nächsten an den Kragen. Dessen Bitte um Geduld ignoriert er. Unbarmherzig pocht er auf sein Recht.*

III. Gott kann ein solches Verhalten, wie es der Hauptschuldner an den Tag legt, nicht gutheißen. Das zeigt der Schluß des Gleichnisses: »Sein Herr ward zornig und überantwortete ihn den Peinigern, bis daß er bezahlt hätte alles, was er schuldig war. So wird auch mein himmlischer Vater an euch handeln, wenn ihr nicht von Herzen vergebt, ein jeder seinem Bruder.«

1. Wie du, Jesus, mir – so ich dir, meinem Nächsten! (Kol 3,13). So sollen es Menschen miteinander halten, die ernst mit Gott gemacht haben. Daran – so sagt Jesus – entscheidet sich, ob wir tatsächlich Christ sind. Es zeigt sich nicht nur am Glauben. Denn auch der Hauptschuldner hatte ja geglaubt und die Vergebung für sich in Anspruch genommen. Aber sein Leben wurde kein Abbild dieses Ereignisses, sondern blieb in der Praxis ein Zerrbild. Das alte Leben mit seinen Verhaltensmustern prägte ihn weiterhin. Sein Glaube hatte keine lebensverändernde Auswirkung.

2. Solchen kraftlosen, selbstsüchtigen Glauben, der nicht lebt, was er empfängt, gibt es auch heute. Man hamstert Vergebung und ist nicht bereit zu vergeben. Das macht das Christsein unwürdig und unglaubwürdig; das stößt ab! Gott duldet das aber nicht! Empfangene Vergebung, die nicht weitergegeben, im Miteinander praktisch umgesetzt wird, ist Gott ein Greuel. Er nimmt sie zurück.

Eine Frau suchte das Gespräch in einer Bibel- und Seelsorgefreizeit. Sie erzählte aus ihrem Leben: Die Beziehung zu den Eltern war nicht gerade gut. Manches war in jungen Jahren schiefgelaufen. Eine stürmische Zeit mit viel Schuld lag hinter ihr; auch eine Abtreibung. Doch alles gehörte der Vergangenheit an. Sie hatte den Frieden bei Gott und Vergebung bei Menschen gefunden, so bezeugte sie. Gott schenkte ihr in einer harmonischen Ehe gesunde, brave Kinder, die schon bereits wieder eigene Familien hatten.

* Helmut Thielicke, Das Bilderbuch Gottes, Gütersloher Verlagshaus

Doch nicht alle stehen sie im Glauben an Jesus. Und da lag das Problem – so sah es zunächst wenigstens aus.

Meine Gesprächspartnerin machte einer ihrer Schwiegertöchter den Vorwurf, sie sei schuld daran, daß der Sohn nicht mehr mit ihr in die Gemeinde gehe. Daß keine Gelegenheit ausgelassen wurde – auch anderen Teilnehmern der Freizeit gegenüber –, dies immer wieder zu erwähnen, machte mich stutzig.

In weiteren Gesprächen kam dann der eigentliche Stachel, der diese Frau so verletzte, zum Vorschein: Ihre Schwiegertochter hatte ein Kind mit in die Ehe gebracht. Das konnte sie ihr nicht verzeihen. Sie meinte, ihr Sohn habe etwas Besseres verdient. Vergessen war ihr eigenes Erleben in der Vergangenheit. (War es das wirklich?!) Übergroß sah sie den wunden Punkt im Leben ihrer Schwiegertochter. Sie war nicht bereit, Vergebung, die sie selbst empfangen hatte, weiterzugeben. So konnte sie nicht zur Ruhe und zum Frieden finden.

IV. »Wie oft muß ich vergeben?« – Die Antwort darauf lautet:

1. Es geht nicht um Krampferei, etwa nach dem Motto: Als Christ muß ich gute Miene zum bösen Spiel machen. Nein! Die durch Jesus Christus geschenkte Vergebung, das neue Leben aus Gott, ermöglicht mir, ein Leben der Vergebung zu führen.

Wir können also den Einwand akzeptieren: Ich kann ihm/ihr nicht vergeben. Das stimmt! Wenn sich jemand an uns versündigt hat. Wenn wir darüber nicht zur Ruhe kommen, auch keinen Schlaf finden. Wenn wir seelisch und dadurch nervlich-körperlich leiden oder auch wirtschaftlichen Schaden zugefügt bekommen, so stauen sich in uns Bitterkeit und Haß. Wir sinnen auf Rache: »Das kann doch nicht einfach ignoriert werden, als sei nichts geschehen!« Daß diese Gedanken kommen, liegt in der Natur der Sache. Da ist im Menschen ja ein Vakuum entstanden, das gefüllt sein will.

Gott aber sagt: »Die Rache ist mein; ich will vergelten« (5 Mose 32,35; Röm 12,19). Das hat auch seinen guten Grund, denn Gott allein verfügt über die notwendigen Informationen, die man zum gerechten Heimzahlen braucht. Deshalb sollen wir mangels Durchblick und Kompetenz die »Finger« davonlassen und die

Angelegenheit ihm anheimstellen, der recht richtet (1 Petr 2,23). Er läßt nichts unter den Tisch fallen, und wir müssen auch nichts verschenken. Wir treten unsere Ansprüche an Gott ab, der zu seiner Zeit abrechnet.

2. Es geht also nicht um ein »Vergessen wir's!«, auch nicht um ein »Schwamm drüber!« Und doch stimmt, was Gottes Wort sagt: »Die Liebe deckt auch die Menge der Sünden« (1 Petr 4,8). Sie verkraftet solches und läßt die Rache in sich zerschmelzen. Doch damit wird nicht gutgeheißen, was einem angetan wurde. Es werden neue Prioritäten gesetzt. Nicht die Sünde wird geliebt, sondern der Sünder. Wir lernen von Jesus: »Ein neu Gebot gebe ich euch, daß ihr euch untereinander liebt, wie ich euch geliebt habe« (Joh 13,34). Er fragt nicht danach, ob sein Gegenüber überhaupt liebenswert ist, ob es seine Liebe verdient, ob es seiner Liebe würdig ist, ob es seine Liebe entgelten kann. Jesus liebt zuerst! Er liebt »brutto« (1 Joh 4,19).
Und wieder braucht es keine Krampferei zu sein, denn die Liebe Gottes ist ausgegossen in unser Herz als wir gläubig wurden (Röm 5,5).

3. Lieben, wie Jesus liebt, heißt auch vergeben, wie er vergibt! Leider orientieren sich unser Wollen zu vergeben und unser Wille zur Versöhnung oft daran, wer er ist, dem wir vergeben sollen. Ob er auch gründlich genug sein Unrecht eingesehen hat. Ob er uns liegt. Ob er sich hinreichend gedemütigt hat. Jesus verhält sich anders. Er rechnet nicht auf, er trägt nicht nach (Joh 21,15–17). Er schafft durch seine Liebe und seine Vergebung eine neue Vertrauensbasis. So entsteht eine neue Lebenslage.
Wenn eine Sache um Jesu willen vergeben ist, dann trennt sie nicht mehr, weder von Gott noch vom Nächsten. Hat ein Christ vergeben, aufrichtig und nicht um der Form zu genügen, gern, weil er täglich aus Gottes Vergebung lebt, dann lernt er auch wieder unbefangen darüber zu reden oder zu schweigen. Es bleiben in seinem Herzen und in seinen Gedanken kein Groll und keine Bitterkeit zurück. Das Aufrechnen und Nachtragen ist vorbei!

4. Die Schuld vergeben heißt somit:
– die Schuld nicht nachtragen,

- den Schuldner lieben,
- die Vergeltung Gott überlassen!

Wie uns denn Barmherzigkeit widerfahren ist, laßt uns Barmherzigkeit üben an jedermann (siehe 2 Kor 4,1). Das ist dann der »alternative Lebensstil« zu »Wie du mir, so ich dir!« Statt uns zu rächen, werden wir unseren Feind speisen, wenn ihn hungert. Dem, der dürstet, werden wir zu trinken geben. Wer uns flucht, den werden wir segnen. Wer uns haßt, dem werden wir wohltun. Wer uns beleidigt, für den werden wir Gott bitten, daß er ihm Gutes tue (Mt 5,38–48). Mit Gottes Hilfe üben wir uns so ein in eine Gesinnung, die das Böse mit Gutem überwindet.

5. Hermann Bezzel, einer der Väter des Pietismus, gibt uns eine ganz konkrete Hilfe, wenn er sagt: »Nimm dir heute einen Menschen in deiner Umgebung, dem du ausgewichen bist, der dir schwer war, dessen Name dir schon Unbehagen erweckte, nimm ihn in dein Herz und Gebet. Am anderen Morgen erscheint dir dieser Mensch schon in ganz anderem Licht, und in den nächsten Wochen kannst du ihm freundlich begegnen, ihn freundlich ansehen, ihm die Hand reichen und ein freundliches Wort sagen. Er weiß nicht, warum du auf einmal dich so gegen ihn zeigst, dein Gott aber weiß es.«

6. Im Blick auf Menschen, denen zu vergeben uns schwerfällt, hilft uns gewiß auch ein Langzeitprogramm: Wir suchen über vier Wochen in unserer »Stillen Zeit« am Morgen jeweils eine positive Eigenschaft im Leben dieses Menschen und danken Gott für sie. Wir werden die Erfahrung machen, daß sich unsere Gesinnung, unsere Einstellung zu diesem Menschen ändert.

7. Sollte es allerdings so sein, daß immer wieder Versagen sich einstellt, muß ernsthaft der Frage nachgegangen werden, ob die Vergebung Gottes persönlich genügend in Anspruch genommen wird, und zwar für alle Bereiche des Lebens. Nur wer selbst aus Gottes Vergebung lebt, kann Vergebung weitergeben. Beides gehört zusammen: »Vergib uns unsere Schuld, wie wir vergeben unseren Schuldigern.« Wer Wert auf Vergebung legt, muß vergeben, denn unsere zwischenmenschliche Beziehung korrespondiert mit der Beziehung zu Gott. Andererseits darf ich wissen: Vergebung ist göttliche Möglichkeit, in Menschenhand gegeben!

V. ZUM NACHDENKEN:

Vergebung ist ein zentrales Gebot Jesu an seine Jünger. Wenn ich vergebe,
– folge ich Jesus nach;
– macht Gott seine Herrschaft durch mich sichtbar;
– beweise ich, daß ich Gott vertraue;
– gebe ich Gott Handlungsfreiheit;
– gehe ich mit Gottes Absicht eins;
– gebe ich mein Wollen zu seinem Können, so daß er Vollbringen schafft.

Wenn ich vergebe,
– beende ich den Streit in mir;
– trenne ich mich vom Alten;
– überwinde ich die Vergeltung;
– distanziere ich mich von Rachegedanken;
– wird mein Gewissen entlastet;
– kann ich lieben!

VI. GEBET

So jemand spricht: »Ich liebe Gott«
und haßt doch seine Brüder,
der treibt mit Gottes Wahrheit Spott
und reißt sie ganz darnieder.
Gott ist die Lieb' und will, daß ich
den Nächsten liebe gleich als mich.

Du schenkst mir täglich so viel Schuld,
du Herr von meinen Tagen!
Ich aber sollte nicht Geduld
mit meinen Brüdern tragen?
Dem nicht verzeihn, dem du vergibst,
und den nicht lieben, den du liebst?

Ein unbarmherziges Gericht
wird über den ergehen,
der nicht barmherzig ist, der nicht
die rettet, die ihn flehen.
Drum gib mir Gott, durch deinen Geist
ein Herz, das dich durch Liebe preist.

Christian Fürchtegott Gellert, 1715–1769

EmKG Nr. 446

Fragen zu Kapitel 2 – »Wie du mir – so ich dir«

I.   Nach welchem Prinzip gehen Menschen miteinander um? _____

_____

_____

_____

Was sollte aber die »V-Waffe« eines Christen sein? _____

_____

_____

_____

1.   Was war für Petrus neu an den Worten Jesu? _____

_____

_____

_____

2.   Welche Gedanken mögen ihn bewegt haben, als er Jesus diese Frage stellte? _____

_____

_____

_____

3.   Wie werden Sie mit der Frage: »Wie oft muß ich vergeben?« fertig? _____

_____

_____

_____

4.   Worum geht es Jesus bei seiner Antwort? _____

_____

_____

_____

II.   Was »weiß« der Mensch, der zu Jesus gehört, über die Vergebung? _____

_____

_____

1. Seine Beziehung zu Gott: Worin kommt Gottes Liebe zum Ausdruck? (Bitte konkret antworten)

   _____

   _____

   _____

   _____

   Wie verhält sich jedoch der Mensch dazu? _____

   _____

   _____

   _____

   Warum weiß der Glaubende, daß Gott ihm vergibt? _____

   _____

   _____

   _____

2. Die Beziehung des Gläubigen zu sich selbst: Versuchen Sie, den wichtigen Satz »Vergebung ist der Ausgangspunkt für ein siegreiches Leben« in Ihren eigenen Worten zu formulieren. _____

   _____

   _____

   _____

   Wie wirkt sich diese Erfahrung zunächst im Leben des Mannes im Gleichnis aus? _____

   _____

   _____

   _____

3. Die Beziehung von Mensch zu Mensch: Nach welchem allgemein-menschlichen Prinzip lebt der Hauptschuldner, obwohl er die Barmherzigkeit des Königs erfahren hat? _____

   _____

   _____

   _____

Wie sieht es in Ihrem Leben aus? _____

_____

_____

_____

_____

III. Wie sollen es die Menschen, die Ernst mit Gott gemacht haben, mit der Vergebung halten? _____

_____

_____

_____

1. Was ergibt sich notwendigerweise aus dem Glauben? _____

_____

_____

_____

2. Wie handelt Gott, wenn wir dem Nächsten nicht vergeben? _____

_____

_____

_____

3. Wie wirkt sich das in Ihrem Leben aus? _____

_____

_____

_____

IV. 1. Warum sagt Gott: »Die Rache ist mein« und will nicht, daß wir uns selbst rächen? _____

_____

_____

_____

2. Welches neue Gebot hat Jesus seinen Jüngern gegeben? _____

_____

_____

Wodurch ist dies möglich? _____

_____

_____

_____

3. Was heißt infolgedessen: »Lieben wie Jesus liebt?«

_____

_____

_____

_____

Wie sieht es im Herzen dessen aus, der um Jesu
willen vergeben hat? _____

_____

_____

_____

4. Was heißt somit »die Schuld vergeben«? _____

_____

_____

Wie sieht in diesem Sinn ein »alternativer
Lebensstil« aus? _____

_____

_____

5. Wie denken Sie über den Vorschlag von Hermann
Bezzel? _____

_____

_____

_____

6. Haben Sie ein solches »Langzeitprogramm«
schon einmal ausprobiert, und welche Erfahrungen haben Sie damit gemacht? _____

_____

_____

_____

_____

_____

Persönliche Fragen:

V.   Versuchen Sie, mit eigenen Worten zu zeigen, was
dies für Sie persönlich heißt:
Wenn ich vergebe,

_____

_____

_____

_____

_____

_____

_____

_____

Merkvers: »Petrus sprach zu Jesus: ›Herr, wie oft
muß ich denn meinem Bruder, der an
mir sündigt, vergeben? Ist's genug
siebenmal?‹ Jesus sprach zu ihm: ›Ich
sage dir: Nicht siebenmal, sondern
siebzigmal siebenmal‹ « (Mt 18,21–22).

Name: _____

Vorname: _____

Straße: _____

Ort: _____

Persönliche Überlegungen:

Kapitel 3

Darum auch wir, weil wir eine solche Wolke von Zeugen um uns haben, lasset uns ablegen alles, was uns beschwert, und die Sünde, die uns ständig umstrickt, und lasset uns laufen mit Geduld in dem Kampf, der uns verordnet ist, und aufsehen auf Jesus, den Anfänger und Vollender des Glaubens, welcher, da er wohl hätte können Freude haben, erduldete das Kreuz und achtete der Schande nicht und hat sich gesetzt zur Rechten des Thrones Gottes. Gedenket an den, der ein solches Widersprechen von den Sündern wider sich erduldet hat, auf daß ihr nicht matt werdet und nicht in eurem Mut ablasset. Darum richtet wieder auf die lässigen Hände und die müden Knie und tut gewisse Tritte mit euren Füßen, daß nicht jemand strauchle wie ein Lahmer, sondern vielmehr gesund werde. Jaget dem Frieden nach gegen jedermann und der Heiligung, ohne die niemand den Herrn sehen wird, und sehet darauf, daß nicht jemand Gottes Gnade versäume; daß nicht etwa eine bittere Wurzel aufwachse und Unfrieden anrichte.
Hebräer 12,1–3. 12–15a

Merkvers: »Jaget dem Frieden nach gegen jedermann und der Heiligung, ohne die niemand den Herrn sehen wird, und sehet darauf, daß nicht jemand Gottes Gnade versäume; daß nicht etwa eine bittere Wurzel aufwachse und Unfrieden anrichte« (Hebr 12,14–15).

Umgang mit der Bitterkeit

Die Brief- und Telefonseelsorge beim Evangeliums-Rundfunk zeigt, daß viele Christen trotz Wiedergeburt und Innewohnung des Heiligen Geistes immer noch innerlich leiden. Unsere Bibel- und Seelsorgefreizeiten bestätigen das: Es gibt viele Verletzungen, offene Wunden im seelisch-geistlichen Bereich, die ihre Auswirkungen auch im körperlichen zeigen.

So ist z. B. Bitterkeit, ob sie nun offen oder versteckt zutage tritt, außerordentlich häufig anzutreffen. Gerade auch junge Menschen leiden darunter. Meistens haben sie im Elternhaus wenig Liebe empfangen, wurden zu hart angefaßt, fast alles wurde ihnen verboten. Sie konnten nicht recht erwachsen werden, weil ihnen die Abnabelung vom Elternhaus nicht gelang. Beim Erwachsenen sind oft schwere Wegführungen und Enttäuschungen die Ursache. Er wird bitter gegen Menschen und gegen Gott. Gegen Gott, weil er kein Ja findet zu dem Weg, den er geführt wird; gegen Menschen, weil er nicht annehmen und verarbeiten will, was andere ihm zugefügt haben. So isoliert er sich mehr und mehr. Er schluckt alles in sich hinein, statt im seelsorgerlichen Gespräch sein Herz vor Gott auszuschütten. Die Bitterkeit wirkt als ein Leib, Seele und Geist zerstörendes Gift. Gerade davor warnt Gottes Wort: »Sehet darauf, daß nicht jemand Gottes Gnade versäume; nicht etwa eine bittere Wurzel aufwachse und Unfrieden anrichte.«

I. Solche Bitterkeit ist nicht nach Gottes Willen. Gott will Offenheit statt Verschlossenheit, Überwindung statt Verdrängung, Versöhnung statt Haß, Vergebung statt Aggression. Denn Bitterkeit hemmt die Verbindung mit Gott und öffnet das Herz dem Einfluß des Bösen. Sie hindert somit ein gesundes Wachstum des Glaubens.

1. Trotz der bedrängenden inneren Nöte fällt es dem Menschen schwer, die Wurzel der Bitterkeit aus seinem Herzen zu reißen und wegzuwerfen. Das kann verschiedene Gründe haben:
– Der Mensch hat die Zusammenhänge, die zur Bitterkeit geführt haben, noch nicht erkannt. Oft hängt dies mit mangelnder Bereitschaft, sich selbst gegenüber aufrichtig zu sein, zusammen.

- Der Mensch bemüht sich, scheinbar gewichtige Gründe anzuführen, warum er seine Bitterkeit nicht aufgeben, warum er dem anderen nicht vergeben könne.

- Der Mensch scheut die harte Arbeit an sich selbst, wenn es darum geht, unter dem Einfluß des Heiligen Geistes die Vergangenheit aufzuarbeiten.

- Dem Menschen fehlt die Bereitschaft, sich verändern zu lassen und damit die Waffe – denn oft ist Bitterkeit eine heimliche, ja unheimliche Waffe – aus den Händen zu geben, also ganz auf Gottes Gnade angewiesen zu sein.

2. Damit bekommen wir auch Antwort auf die Frage: Was macht innere Heilung notwendig? Das Wunde, das Kranke, das Verborgene.

Oft meinen die Betroffenen im Blick auf ihre unangenehmen Erinnerungen: »Aus den Augen, aus dem Sinn!« Doch mit dieser Meinung ist es so ähnlich, als würden wir allerhand alte Sachen in einer Abstellkammer aufbewahren. Wenn wir die Tür schließen, sehen wir das Gerümpel zwar nicht mehr, doch sobald wir sie einmal öffnen, weil wir noch mehr Gerümpel dazustellen wollen, kommt uns das ganze alte Zeug entgegen. Ähnlich ist es mit dem verdrängten Innenleben. Wir mögen die alten, unangenehmen Dinge wie Ängste, Groll, Ärger, Neid, Bitterkeit, Enttäuschungen, Schuld im letzten Winkel unserer Seele verstauen und nun glauben, sie würden uns nicht mehr belästigen, doch tief in unserem Unterbewußtsein sind sie vorhanden und werden fortwährend auf unser Gefühl einwirken und Einfluß auf das nehmen, was wir tun oder nicht tun. So verdrängte Ängste und Aggressionen können gerade in dem Augenblick wieder aus dem Unterbewußten hervorbrechen, wenn wir es am wenigsten erwarten.

Viele gehen durchs Leben und kämpfen fortwährend gegen dieses Unterbewußte. Sie haben ihre Mühe, es zu verdrängen. Gedanken wie »wenn doch bloß...« oder »was wäre gewesen, wenn...« rauben ihnen die Kraft und bedrängen sie. »Ach, wäre doch...« Gott verspricht uns in seinem Wort, uns vor diesen negativen Einflüssen, dieser zerstörenden Einstellung zum Leben freizumachen.

Furchtsame und enttäuschte Menschen trinken riesige Mengen Alkohol, schlucken massenweise Beruhigungs- und Schlaftabletten, um dadurch mit ihren Seelenwunden, der Vergangenheit und Gegenwart fertig zu werden. Millionen Mark werden deshalb für Ärzte, Psychologen, Psychiater und Medikamente ausgegeben – und wie wenig Hilfe bringt es!

Um Mißverständnisse zu vermeiden, betone ich ausdrücklich, daß ich dankbar bin für die Erkenntnisse der Medizin und Psychologie. Doch Ärzte behandeln, Gott heilt! Psychotherapie kann Verwirrungen in der Persönlichkeitsstruktur eines Menschen lösen, aber keine Erlösung in der Schuldverflochtenheit geben. Zu oft behandeln eben Medizin und Psychologie nur Symptome, doch Jesus will die Wurzel, die Ursache heilen.

3. Deshalb muß das Verborgene des Herzens – in unserem Beispiel die Bitterkeit – offenbar gemacht werden. Jesus will durch den Heiligen Geist die Zusammenhänge erhellen. In der Regel verbirgt nämlich der Mensch die tieferen Ursachen unbegreiflicherweise vor sich selbst. Er macht sie bewußt vergessen, weil er »weiß«, daß eine solche Haltung, solche Reaktion oder krankhaftes Verhalten nicht in Ordnung ist. Jeder möchte aber vor sich und anderen in Ordnung sein. Darum verdrängt man das Unangenehme, versteckt es in seinem Innern, schafft es aus seinem Bewußtsein weg. Das tut der Betroffene so gründlich, daß er ohne fremde Hilfe nicht in der Lage ist, die damit entstandenen Schwierigkeiten zu beheben. Auf der anderen Seite melden sich aber die verdrängten und im Herzen versteckten Ereignisse deutlich zu Wort, und zwar als unnormales, unangebrachtes Verhalten, als körperliche Schmerzen und Krankheit, als Unfähigkeit, Gott uneingeschränkt zu vertrauen und den Glauben zuversichtlich, siegreich zu praktizieren.

Das seelsorgerliche Gespräch in der Gegenwart Gottes – so zeigen Gottes Wort und die Erfahrung – kann diese Zusammenhänge in der Vergangenheit bewußtmachen. Wenn man erkannt hat, warum man so ist, wie man ist, so reagiert, wie man reagiert, kann man beginnen, mit Gottes Hilfe dieses harte Stück Arbeit in Angriff zu nehmen und Vergangenheit unter dem Einfluß des Heiligen Geistes aufzuarbeiten.

4. Ein Beispiel (wie alle anderen in diesem Taschenbuch mit Erlaubnis der Betroffenen wiedergegeben!) kann das verdeutlichen: Claudia kam eines Tages in meine Sprechstunde. Über viele Gespräche und Briefe lernte ich sie und ihr Leben kennen. Als drittes Kind geboren, kam sie schon vor der Geburt unter einen negativen Einfluß. Denn als die Mutter feststellte, daß sie wieder schwanger war, hatte sie große Mühe, sich auf das Kind zu freuen. Das brachte der Mutter ein schlechtes Gewissen, das sie durch viel Gutestun dem Kind gegenüber auszugleichen versuchte. Trotz dieser übertriebenen Zuwendung entstand nie eine echte, unbeschwerte, frohe Beziehung zwischen beiden. Dadurch entstand im Leben von Claudia ein großes Vakuum. Eine tiefe Sehnsucht nach Angenommensein, nach Liebe und Geborgenheit trieb sie um. Sie trieb sie auch dazu, immer wieder die Nähe der Mutter zu suchen. Doch diese, um ihr schlechtes Gewissen, das sie noch immer bedrängte, zu beruhigen, behütete das Kind nun überängstlich. Daraus entstand ein sehr spannungsgeladenes Verhältnis. Claudia bekam gar nicht die Möglichkeit, ihrem Alter entsprechend selbständig zu werden. Es entstanden Schwierigkeiten in der Entwicklung, was auch Nöte in der Schule nach sich zog. Immer mehr verschloß sie sich, wurde ängstlich, konnte sich nicht entfalten. Trotz der großen Sehnsucht, selbständig zu werden, war sie nicht in der Lage, eigene Entscheidungen zu treffen, auch nicht die Entscheidung, sich von der Mutter zu lösen, die sich nach dem Tode des Vaters um so fester an die Tochter band. Immer in Angst, der Mutter weh zu tun, entstand so etwas wie eine Haßliebe. Um aus diesen Zwängen herauszukommen, ging Claudia früh eine Freundschaft mit einem jungen Mann ein. So hoffte sie, Erfüllung ihrer Sehnsucht nach Geborgenheit und Liebe zu finden. Doch auch das ging schief. Sie konnte kein Vertrauen einbringen. Überall reagierte sie mit Mißtrauen: »Meint er es wirklich so, wie er es sagt?« war fast immer die unterschwellige Frage in ihrem Herzen. Die Spannung wurde unerträglich. Man ging wieder auseinander.

In der Zwischenzeit hatte sich viel Bitterkeit in Claudias Herzen angesammelt. Sie sah sich überall unverstanden, ungeliebt, abgelehnt. Ihre Reaktionen in den zwischenmenschlichen Beziehungen wurden von dieser Haltung bestimmt, auch im Beruf. Ihr jun-

54

ges Leben war eine einzige Verbitterung. Dann wurde sie eines Tages von der Botschaft Jesu angesprochen. Seine Liebe überwältigte sie. Ihm vertraute sie ihr Leben an. In der Beichte brachte sie zum Ausdruck, daß sie bisher eigenwillig ihr Leben gestaltete, was sie anderen an Unrecht zugefügt hatte, ihre Lieblosigkeit und ihren Haß. Sie nahm den Zuspruch der Vergebung: »Im Namen Jesu, dir sind deine Sünden vergeben« für sich persönlich in Anspruch. Seit dieser Zeit ging es besser mit der Gestaltung ihres Lebens. Doch nach einem gewissen Zeitraum bekam sie Schwierigkeiten in ihrem Glaubensleben. Es fehlte ihr die Freude. Öfters begann sie zu fragen, ob sie überhaupt wiedergeboren sei. Selbst Mißtrauen wollte sich wieder einschleichen.

Tage später saß sie mir wieder gegenüber. Im gemeinsamen Nachdenken und Beten wurde uns klar, daß bisher eine Seite des Neuwerdens ihres Lebens vernachlässigt worden war: Die innere Heilung ihrer Persönlichkeit, die vielen geschlagenen Wunden der Vergangenheit waren noch nicht verheilt. Sie hatte die Vergebung ihrer Schuld ganz persönlich für sich in Anspruch genommen, aber noch nicht gelernt, daß es dabei auch um ein Umsetzen dieser empfangenen Vergebung ins ganze Leben geht.

II. Es geht bei der Vergebung auch um eine innere Heilung der von anderen geschlagenen Wunden und Verletzungen.

1. Innere Heilung ist die Auswirkung der von Jesus Christus geschenkten Erlösung zur Heilung und Erneuerung des ganzen Menschen – also für Leib, Seele und Geist. Das Heil, in Jesus Christus angenommen, muß in persönlichem Einsatz im Leben angewandt werden. Paulus sagt es so: Was Gott in uns wirkt, gilt es bei unserem Christsein ins Werk zu setzen. Darum muß es unsere Sorge sein, daß sich unser Wirken im Einklang mit seinem Wirken und im Kraftfeld desselben vollzieht: Schafft ... denn Gott wirkt! (Phil 2,12).

2. Innere Heilung ist das Aufarbeiten des Verborgenen des Herzens. Gott will Zusammenhänge offenbaren, die wir bisher nicht erkannt haben; aber auch aufdecken und heilen, was wir ins Unterbewußte verdrängt haben. Dieses Aufarbeiten ist ein Prozeß, der nicht ohne unseren Willen abläuft. »Denn unsere Missetaten

stellst du vor dich, unsere unerkannte Sünde ins Licht vor deinem Angesicht« (Ps 90,8).

3. Innere Heilung ist die Erneuerung unserer Gesinnung. Es geht um ein neues Denken unter dem Einfluß des Heiligen Geistes. »Laßt euch innerlich von Gott umwandeln und euch eine neue Gesinnung schenken. Dann könnt ihr erkennen, was Gott von euch will. Ihr wißt dann, was gut und vollkommen ist und was Gott gefällt« (Röm 12,2; Die Gute Nachricht).

4. Innere Heilung ist das Heilwerden in der Tiefe des Herzens. Es geht dabei um die

– Heilung der persönlichen Erinnerung von dem, was ins Innerste eingedrungen ist und dort rumort: Bilder, Orte, Situationen von Miterlebtem, Ängste.

– Heilung der persönlichen Erwartungen. Was hat man nicht alles gehofft und wurde enttäuscht. Wie empfindlich reagierte man. Wie viele Wünsche blieben unerfüllt.

– Heilung der Auswirkungen einer sündigen Umweltstruktur. In wieviel Machenschaften wurde man hineingezogen. Wieviel Unrechtem hat man zugehört, ohne dagegen Stellung zu beziehen.

– Heilung von negativen Lebenserfahrungen. Man hat geliebt und wurde nicht wiedergeliebt. Man hat ständig gegeben und wurde nur ausgenutzt. Man hat vertraut und wurde hintergangen.

– Heilung von Verletzungen der Persönlichkeit. Wie mancher junge Mensch wurde von seinen Eltern negativ festgelegt: »Aus dir wird nie etwas« oder »Du solltest eigentlich unser Junge sein«. Man wurde nicht angenommen und geliebt als solcher, der man ist.

– Heilung von Bindungen und Zwängen. Die meisten Christen sind sich der Tragweite solcher Bindungen und Zwänge – auch im okkulten Bereich, z. B. das Horoskoplesen, Pendeln, Besprechen usw. – nicht bewußt. Sie verharmlosen dieses gottwidrige Verhalten zu belanglosen Nebensächlichkeiten. Erst wenn sie als selbst Betroffene Zusammenhänge erkennen, erschrekken sie.

– Heilung von Schuld. Wie mancher kann sich selbst nicht vergeben, daß ihm dies und das passiert ist, obwohl er es gebeichtet hat und ihm im Namen Jesu Vergebung zugesprochen wurde.

III. Jeder von uns braucht auf die eine oder andere Weise innere Heilung.

1. Jesus wartet darauf, daß wir ihn alle unsere quälenden Erinnerungen, unsere Seelenwunden, Ängste und Enttäuschungen heilen lassen. Es kommt nicht darauf an, ob es sich um alte oder neue Wunden handelt. Jesus will, daß wir innerlich ganz heil werden. »Er heilt, die zerbrochenen Herzens sind und verbindet ihre Wunden« (Ps 147,3); »Ich bin der Herr, dein Arzt« (2 Mose 15,26).

2. Es wirkt wunderbar befreiend, dies zu wissen und es auch persönlich zu erfahren: Jesus heilt innere Wunden. Jesus allein heilt alle Wunden. Das steht nicht im Widerspruch dazu, daß wir beginnen, unsere Vergangenheit aufzuarbeiten, denn Jesus handelt nicht ohne uns oder an uns vorbei, wenn es um unsere innere Heilung geht. Darum sollten wir aufrichtig bitten: »Heile du mich, Herr, so werde ich heil; hilf du mir, so ist mir geholfen!« (Jer 17,14).

Belege dafür finden wir z. B. im Johannes-Evangelium:

– Das Gespräch mit der Frau am Jakobsbrunnen (Kap. 4).
– Das Gespräch mit dem Mann, der 38 Jahre krank war (Kap. 5).
– Das Gespräch mit dem Geheilten, der blind geboren war (Kap. 9).
– Das Gespräch mit Martha und Maria, den Schwestern des Lazarus (Kap. 11).

3. Die Voraussetzung für unsere innere Heilung hat Gott in Jesus Christus geschaffen: »Durch seine Wunden sind wir geheilt« (Jes 53,5). Es geht dabei nicht um eine Methode, auch nicht um etwas von uns Menschen Machbares. Man kann nichts in den Griff bekommen. Man muß in den Griff Gottes kommen. Er ist es, der in Jesus Christus die innere Heilung wirkt: »Fürwahr, er trug unsere Krankheit und lud auf sich unsere Schmerzen. Er ist

um unserer Missetat willen verwundet und um unserer Sünden willen zerschlagen. Die Strafe liegt auf ihm, auf daß wir Frieden hätten und durch seine Wunden sind wir geheilt« (Jes 53,4–5).

Am Kreuz von Golgatha ist die Voraussetzung, daß unsere inneren Verletzungen geheilt werden können, von Gott geschaffen worden.

An Ostern ist dieser Sieg über die Macht der Sünde, des Teufels und des Todes offenbar geworden.

An Pfingsten wurde uns Anteil daran gegeben, haben wir die Ausrüstung empfangen, im Namen Jesu, in seinem Geist und Auftrag Menschen der Herrschaft seines Reiches zu unterstellen, indem wir sie mit Jesus in Beziehung bringen. Dies ist der Weg zur inneren Heilung. Einen anderen gibt es nicht: »Er trug unsere Krankheit, lud auf sich unsere Schmerzen« – unsere inneren Verwundungen gehören dazu –, »damit wir Frieden hätten, und durch seine Wunden sind wir geheilt.«

4. Wenn ich diese Zusammenhänge erkannt habe und innerlich heil werden will, geht es darum, daß ich Jesus mit in meine Vergangenheit nehme. Innere Heilung heißt aber nicht, einfach nur in Gedanken in die Vergangenheit zurückkehren und unangenehme Einzelheiten wieder ausgraben. Es geht nicht darum, an wieviel Verbitterung wir uns erinnern können, sondern darum, daß wir Leid, Unrecht und Enttäuschung, Schmerz, Groll und Ängste ein für allemal an Jesus loswerden. Es bedeutet, daß Jesus all das Verborgene ins Licht stellt, herausholt aus dem Dunkel. Es bedeutet, daß Jesus mit uns, wir an seiner Hand, durch unser bisheriges Leben geht, durch all die bedrängenden Lebenslagen unserer frühkindlichen Zeit, unserer Kindheit, der Pubertät, der Jugendzeit, der Zeit des Erwachsenwerdens, unseres Erwachsenseins, des Älterwerdens und Altwerdens. Wir dürfen ihn bitten, daß er heilt, was krank und wund ist. Er kann es, denn von ihm heißt es: »Jesus Christus gestern und heute und derselbe auch in Ewigkeit« (Hebr 13,8). Sein Heil und Heilen kennt auch zeitlich keine Grenzen.

5. Wir dürfen mit Jesus sprechen, ihm unser Herz ausschütten, so oder ähnlich wie es Claudia tat:
»Herr Jesus, du wußtest alles über mich, noch ehe ich geboren

war. Ich danke dir, du warst da, noch ehe mein Leben begann. Wenn schon, als ich noch im Leib meiner Mutter war, Furcht oder andere negative Einflüsse in mein Unterbewußtsein eingedrungen sind, so mache mich frei davon.

Danke, Herr Jesus, daß du anwesend warst, als ich geboren wurde und mich damals schon geliebt hast. Fülle die Leere der damaligen Zeit in meinem Leben ganz aus. Heile meine Wunden. Gib mir Liebe, die ich damals nicht empfing, in mein Herz.

Herr, fülle du all den Mangel aus, der durch Enttäuschungen, Entbehrungen, Abgelehnt- und Unverstandenwerden in den ersten Jahren meines Lebens entstand. Heile die Wunden, die dadurch entstanden.

Bitte nimm mir alle Furcht, es den Menschen nicht recht zu machen und deshalb nicht angenommen und geliebt zu werden. Danke, daß du mich liebst und heil machst, was zerbrochen und wund in mir ist aus diesen Tagen.

Bitte, Herr Jesus, geh mit mir durch meine Schulzeit. Ich war damals so unsicher und verkrampft, so unfrei und unselbständig, hatte Angst, mich den Anforderungen zu stellen. Manchmal wurde ich von meinen Lehrern und Mitschülern ungerecht und hart behandelt. Man brachte mir kein Verständnis entgegen, räumte mir keinen Freiraum zur Entwicklung ein, schob mich zur Seite. Herr, wie war ich wütend darüber, wie bin ich heute noch voll Groll und Bitterkeit über diese Zeit. Vergib mir, heile diese Erinnerungen. Ich vergebe denen, die mir Unrecht getan haben. Danke, daß du mich frei machst.

Herr Jesus, ich danke dir für meine Eltern, für meinen Vater, für meine Mutter, für meine Geschwister. Laß nun deine Liebe zwischen sie und mich fließen. Ich bitte sie um Vergebung für alles, wo ich ihnen weh getan und sie enttäuscht habe, und ich vergebe ihnen, wo sie mir weh getan und mich enttäuscht haben. Nimm alle Bitterkeit, allen Neid, alle Wut, alles Selbstmitleid, alle Gleichgültigkeit aus meinem Herzen. Heile die Wunden, schenke mir bleibenden Frieden, Zufriedenheit.

Herr Jesus, gehe mit mir durch die Zeit meiner Pubertät, wo ich mit mir selbst nicht zurechtkam. Wo so vieles durch Einflüsse von außen in mir zerstört wurde. Wo ich so große Schwierigkeiten hatte, zu mir selbst zu finden, als von dir gewollter und geliebter Persönlichkeit. Wo man mir nicht half, meine Krisen zu bewältigen. Heile diese leidvollen Erfahrungen, schließe die Wunden, gib mir ein Ja zu meiner Person.

Herr, gehe mit mir durch meine Jugendzeit. So, wie die einzelnen Erinnerungen vor mir stehen, so nimm bitte den inneren Schmerz weg und heile mich. Nimm alle Gefühle der Demütigung, Verachtung, Schuld, Furcht, Aggression, Bitterkeit aus meinem Herzen. Heile mich, Herr. Danke, daß du die Fähigkeit zu vergeben schenkst, Wunden schließt, auch die durch meine gescheiterte Ehe entstandenen. Herr, vergib mir mein Mißtrauen, nimm mein Herzeleid, meine Schuld, meine Bitterkeit und Einsamkeit hinweg. Heile die tiefen Wunden und die schmerzhaften Erinnerungen. Fülle mich mit deiner Liebe, daß ich vergeben kann und nicht nachtragen muß, daß ich lieben lerne, wie ich geliebt werden möchte.

Ich danke dir, Herr Jesus, daß du die Lasten von mir nimmst, auch den Kummer, mein Murren, auch meine Bitterkeit. Ich danke dir, daß du mir deine Freude schenkst, deine Liebe, deinen Frieden. Danke, daß du meine quälenden Erinnerungen und Ängste heilst und mich frei machst für ein neues Leben. Durch deine Liebe will ich lieben lernen, auch mich selbst. Über alles, Herr, hilf mir, dich zu lieben von ganzem Herzen, von ganzer Seele, mit allen Kräften meines Gemütes. Danke, daß du meine Sinne, meine Gefühle, meine Erinnerungen heilst. Danke, Herr! Ich bete dich an! Danke, Herr! Amen.«*

IV. In Claudias Leben setzt sich die Stabilisierung ihres Vertrauens zu Jesus Christus fort, auch die Festigung ihrer Persönlichkeit. Nicht alle ihre Probleme sind gelöst. Aber die quälende und lähmende Vergangenheit mit der Last der Bitterkeit ist aufgearbeitet und steht unter der Vergebung. Die zwischenmenschlichen Beziehungen stehen unter einem neuen Vorzeichen; selbst die Beziehung zur Mutter wird besser.

Da das Quälende und Schmerzende weggenommen ist, werden Kräfte frei zur Gestaltung des Lebens. Bewußt spricht sie mit Pau-

* Betsy Tapscott, Innere Heilung, Leuchter-Verlag

lus: »Ich vergesse, was dahinten ist, und strecke mich nach dem, das da vorne ist, und jage nach dem vorgesteckten Ziel, nach dem Kleinod, welches vorhält die himmlische Berufung Gottes in Jesus Christus« (Phil 3,13b–14).

Das Angebot der Heilung des inneren Menschen, der kranken Erinnerung, der unerfüllten Erwartungen gilt uns allen. Nehmen auch Sie es in Anspruch. Bitten Sie Jesus, mit Ihnen durch Ihre Vergangenheit und Gegenwart zu gehen, Ihre Wunden zu heilen und Sie ganz mit seiner Liebe zu erfüllen. Denn es stimmt: »Er trug unsere Krankheit und lud auf sich unsere Schmerzen. Er ist um unserer Missetat willen verwundet und um unserer Sünde willen zerschlagen. Die Strafe liegt auf ihm, auf daß wir Frieden hätten, und durch seine Wunden sind wir geheilt.«

V. GEBET

Ich blicke voll Beugung und Staunen
hinein in das Meer seiner Gnad'
und lausche der Botschaft des Friedens,
die er mir verkündiget hat.
Sein Kreuz bedeckt meine Schuld,
sein Blut macht hell mich und rein.
Mein Wille gehört meinem Gott,
ich traue auf Jesum allein.

Wie lang hab' ich mühvoll gerungen,
geseufzt unter Sünde und Schmerz;
doch als ich mich ihm überlassen,
da strömte sein Fried' in mein Herz.
Sein Kreuz bedeckt . . .

Sanft hat seine Hand mich berühret,
er sprach: »O mein Kind, du bist heil!«
Ich faßte den Saum seines Kleides,
da ward seine Kraft mir zuteil.
Sein Kreuz bedeckt . . .

Der Fürst meines Friedens ist nahe,
sein Antlitz ruht strahlend auf mir;
o hört seine Stimme, sie rufet:
»Den Frieden verleihe ich dir!«
Sein Kreuz bedeckt meine Schuld,
sein Blut macht hell mich und rein;
mein Wille gehört meinem Gott,
ich traue auf Jesum allein.

Aus dem Englischen von Dora Rappard, 1842–1923

EmKG Nr. 644

Fragen zu Kapitel 3 – »Umgang mit der Bitterkeit«

Welche Erfahrungen machen Sie bitter? _____

_____

_____

_____

_____

_____

I.   Bitterkeit ist nicht nach Gottes Willen. Was erwartet Gott von uns? _____

_____

_____

_____

_____

_____

1. Welche Gründe kann es geben, die es einem Menschen schwermachen, die Bitterkeit aus seinem Herzen herauszureißen und sich Gottes heilender Kraft zu öffnen? _____

_____

_____

_____

_____

2. Was erfährt der, der mit unangenehmen Erfahrungen nach dem Verdrängungsmechanismus »Aus den Augen, aus dem Sinn« umgeht? _____

_____

_____

_____

_____

Wie wirkt sich diese beständige Mühe und Anstrengung, verdrängen zu wollen, bei Ihnen aus? _____

_____

_____

_____

Welche Auswege suchen Sie, um damit fertig zu werden? _____

_____

_____

_____

_____

3. Was muß geschehen, damit Ihnen wirksam geholfen werden kann? _____

_____

_____

_____

_____

4. Was wurde Ihnen am Beispiel aus dem Leben Claudias deutlich und besonders wichtig? _____

_____

_____

_____

II. Wenn Sie über die hier aufgeführten vier Punkte nachgedacht haben, worin besteht dann für Sie die innere Heilung? (Versuchen Sie bitte, dies mit Ihren eigenen Worten zu formulieren.)

1. _____

2. _____

3. _____

4. _____

III. 1. Worauf wartet Jesus bei Ihnen? Was will er tun?

_____

_____

_____

_____

2. Welche Personen können helfen, die
Vergangenheit aufzuarbeiten? _____

_____

_____

_____

3. Worin liegt die Voraussetzung für die innere
Heilung? _____

_____

_____

_____

4. Wie kann das konkret vor sich gehen, daß Jesus
Ihre Vergangenheit heilt? _____

_____

_____

_____

5. Nennen Sie einige Dinge, die Sie in Claudias
Gebet besonders angesprochen haben: _____

_____

_____

_____

_____

IV.   Wann erst konnte Claudia das Pauluswort
sprechen:»Ich vergesse, was dahinten ist . . .«?

_____

_____

_____

_____

Persönliche Fragen:

Ist Ihnen beim Erarbeiten dieses Kapitels bewußt
geworden, ob es auch in Ihrem Leben noch
unbewältigte Vergangenheit, noch nicht verheilte
innere Wunden gibt?_____

_____

_____

_____

_____

_____

_____

Sind Sie schon mit Jesus »durch Ihre
Vergangenheit gegangen«?_____

_____

_____

_____

_____

Wenn Sie möchten, können Sie hier aufschreiben,
wie Jesus Sie geheilt hat:_____

_____

_____

_____

_____

Merkvers: »Jaget dem Frieden nach gegen
jedermann und der Heiligung, ohne
die niemand den Herrn sehen wird,
und sehet darauf, daß nicht jemand
Gottes Gnade versäume; daß nicht
etwa eine bittere Wurzel aufwachse
und Unfrieden anrichte«
(Hebr 12,14–15).

Name: _____

Vorname: _____

Straße: _____

Ort: _____

Persönliche Überlegungen:

Kapitel 4

Jesus spricht: Richtet nicht, auf daß ihr nicht gerichtet werdet. Denn mit welcherlei Gericht ihr richtet, werdet ihr gerichtet werden; und mit welcherlei Maß ihr messet, wird euch gemessen werden.

Was siehst du aber den Splitter in deines Bruders Auge und wirst nicht gewahr des Balkens in deinem Auge?

Oder wie darfst du sagen zu deinem Bruder: Halt, ich will dir den Splitter aus deinem Auge ziehen? Und siehe, ein Balken ist in deinem Auge.

Du Heuchler, zieh zuerst den Balken aus deinem Auge; danach sieh zu, wie du den Splitter aus deines Bruders Auge ziehst.

Matthäus 7,1–5

Merkvers: Jesus spricht: »Richtet nicht, auf daß ihr nicht gerichtet werdet« (Mt 7,1).

Splitter und Balken

Ein »klassisches« Beispiel für unser Thema ist Jesu Gleichnis vom »Pharisäer und Zöllner«. Der Evangelist Lukas berichtet: Es kamen einige Leute zu Jesus, die sich selbst vermaßen, daß sie fromm wären. Sie meinten, nur sie hätten den richtigen Glauben und verachteten die anderen. Ihnen erzählte Jesus eine Geschichte: Zwei Männer gingen in die Kirche, um zu beten. Der eine war ein Pharisäer, ein Gelehrter, der die Heilige Schrift gut kannte. Bei dem anderen handelte es sich um einen Zöllner, der durch manche Machenschaften viel Geld verdiente. Der Pharisäer betete bei sich selbst: Ich danke dir, Gott, daß ich nicht bin wie bestimmte andere Leute: Verbrecher, Menschen, die dich hassen oder wie die, die fremde Ehen kaputtmachen – oder etwa wie dieser Zöllner da. Ich halte mich streng an deine Gebote, ich faste zweimal die Woche und gebe dir den zehnten Teil von meinem Einkommen. – Der Zöllner aber wagte sich gar nicht erst in die Nähe des Altars. Er schlug die Augen nieder, weil er sich schämte, Gott gegenüberzutreten. Ja, er warf die Hände gegen die Brust wie jemand, der sich selbst anzeigt und betete: Gott, vergib mir meine Schuld. Ich weiß, daß nichts Gutes in mir ist. Erbarme dich! – Und Jesus sagte zu den Leuten, die um ihn herumstanden: Das Gebet dieses Mannes hat Gott erhört. Wer dagegen meint, er könne unserem himmlischen Vater vormachen, wie großartig er sei, wird sehr schnell merken, daß es damit nicht weit her ist. Wer aber Gott gegenüber aufrichtig ist, wird erfahren, daß er ihn ernst nimmt und ihm die Verantwortung übergibt. Wer sich selbst erhöht, der wird erniedrigt werden; und wer sich selbst erniedrigt, der wird erhöht werden (Lk 18,9–14).

I. Auf den ersten Blick scheint die Geschichte ziemlich eindeutig.

1. Da ist der Pharisäer. Er läßt keine Gelegenheit aus, vor Menschen und Gott seine Frömmigkeit zu zeigen. Und er kann sich auch sehen lassen. Er nimmt seine Sache mit Gott ernst. Er ist ethisch und moralisch sauber. Er fastet, er opfert. Selbst sein Geldbeutel, bei dem ja das Christsein bei vielen aufhört, ist mit einbezogen in seinen Gottesdienst. Ja, er ist ein geachtetes Ge-

meindeglied, das nichts auf sich kommen läßt. Dafür dankt der Pharisäer Gott in der Kirche. Und er meint es zweifellos ernst mit seinem Dank.

2. Dort ist der Zöllner. Er wird in seiner Verzweiflung über sich selbst nur mit wenigen Strichen gezeichnet. Er stellt sich ganz hinten an in der Gemeinde der Betenden. Er will nicht gesehen werden. Er ist ja auch ein Dunkelmann. Seine Machenschaften sind undurchschaubar. Man weiß nicht, wo man bei ihm dran ist. Von seiner Sorte hält man nicht viel. Frömmigkeit wird nicht großgeschrieben in seinem Leben.

3. Wenn man diese beiden Männer in ihrer Lebens- und Glaubenshaltung vergleicht, fällt es gar nicht leicht zu verstehen, warum Jesus den Zöllner gut und den Pharisäer schlecht wegkommen läßt. Offenbar schaut Gott doch tiefer, und die eigentlichen Motive des Herzens sind vor ihm eindeutig.

II. Denken wir nochmals daran, daß das Gleichnis an Menschen gerichtet ist, von denen es heißt, daß sie sich selbst anmaßen, fromm zu sein und die anderen verachteten. Anders formuliert: Jesus spricht hier zu Leuten, die ihr Vertrauen auf sich selbst statt auf Gott setzen, weil sie sich als gerecht einschätzen und auf die anderen voll Verachtung blicken. Es wird den Pharisäern nicht nur vorgeworfen, daß sie eine zu gute Meinung von sich selbst haben, sondern Jesus packt sie bei ihrem Selbstvertrauen, das sie auf ihren frommen Lebenswandel gründen. Dieses ihr Selbstvertrauen ist – vielleicht ohne daß sie es gemerkt haben – an die Stelle des Gottvertrauens getreten. Sie leben in einem falschen Vergleichsdenken. Hinterfragen wir also die eigentlichen Verhaltensmuster dieser beiden Männer anhand der Maßstäbe Gottes. Dann kommt ein ganz anderes Bild der beiden dabei heraus, als es vordergründig aussieht.

1. Da ist der Pharisäer. Er hat sich eingesetzt, keine Mühe gescheut, sein Christsein zu demonstrieren. Immer war er zur Stelle, wenn er gebraucht wurde. Er ist auch dann gegen den Strom geschwommen, als es leichter gewesen wäre, sich mit der Masse treiben zu lassen (vgl. Lk 15,11–32, der ältere Sohn).

2. Ihm steht der Zöllner gegenüber, der Mensch, dessen Gewissen belastet ist; der nicht so eindeutige Freundschaften pflegt, der Angst hat, ob Gott wirklich etwas mit ihm zu tun haben will; der aus Scham über sein Leben fast gar nicht fassen kann, daß Gott ihn liebt und annimmt, wenn er nur zu ihm kommt.

III. Beide sind in der Kirche. Beide stehen vor Gott. Beide sprechen ein Gebet, auch wenn es inhaltlich sehr verschieden ist.

1. Der Zöllner dankt für die Gnade Gottes, von der er lebt. Der Pharisäer dankt auch. Warum aber wird das Dankgebet des Zöllners angenommen und das des Pharisäers abgelehnt? Ist also ein Unterschied in ihrem Dankgebet? – Ja, und zwar geht es um die Motive, um die Aufrichtigkeit des Herzens. Beide bekennen etwas über sich. Das Dankgebet des Zöllners ist geprägt von der Selbsterkenntnis, daß er vor Gott mit seiner Schuld nicht bestehen kann.

2. Der Pharisäer aber meint, daß er vor Gott bestehen kann. Für ihn gibt es einen Unterschied zwischen ihm und dem Zöllner. Er steht anders als der Zöllner vor Gott – meint er. Er lehnt es ab, sich auf einer Ebene mit diesem zu sehen, nicht nur weil das gegen seine eigene Auffassung geht, sondern auch, weil er meint, er würde Gott damit Unehre bereiten. Gott hat doch etwas Besseres aus ihm gemacht, denkt er. Er sagt sich – wie so mancher Christ: Entweder gelten die Gebote Gottes, dann ist der gut dran, der sie hält. Gelten sie nicht, dann hat der Zöllner die bessere Entscheidung getroffen, denn was nutzt es dann, was habe ich davon, daß ich mich so darum bemüht habe und werde nun mit dem Zöllner auf eine Stufe gestellt. Das kann unmöglich nach Gottes Willen sein. Der Pharisäer rechtfertigt sich selbst.

3. Dieses Denken gibt es auch heute:
Da gibt es in der Gemeinde einen »verlorenen Sohn«. Schon von klein auf ist er körperlich zart und wenig belastbar. Er ist in seiner Gefühlswelt sensibel. Er hat es schwer, sich mit den Gegebenheiten des Lebens zurechtzufinden. In allen bisherigen Lebensphasen, Kindheit, Jugend, Erwachsenwerden, hat er im Vergleich zu anderen immer den kürzeren gezogen.

Gerne wollte er so sein wie seine Geschwister, wie die Schulfreunde, wie andere junge Erwachsene: selbstbewußt, draufgängerisch, etwas darstellen und leisten. Aber es gelang ihm nicht. Alles, was er anpackte, scheiterte mehr oder weniger; auch seine Ehe. Keiner wollte so richtig etwas mit ihm zu tun haben. Auch als er dann Geborgenheit in der Gemeinde Jesu suchte, dort seine gewiß vorhandenen Gaben einbringen wollte, zur Mitarbeit bereit war, begegnete man ihm mit Vorurteilen. Ja, da nahm man ihn erst einmal unter die Lupe. Man durchforschte seine Vergangenheit. In der Vergangenheit gab es natürlich dunkle Punkte, die auch jetzt noch nicht ganz hell waren. Vor allem den einen: Wenn die Belastungen zu groß wurden, die Einsamkeit zu erdrückend, das Sich-wertlos-Vorkommen das letzte bißchen Hoffnung auf einen Neuanfang rauben wollte, ja, dann griff er zur Flasche. Zunächst geschah es verborgen, dann aber offenkundig. Er ging in die Kneipe und ließ sich vollaufen. Dabei kam es natürlich auch zu unliebsamen Szenen.

Und nun wollte dieser junge Mann in der Gemeinschaft der Gläubigen Heimat, Geborgenheit und damit Lebens- und Glaubenshilfe. Doch sie wurde ihm von einigen »Ehrenmännern mit weißen Westen« verwehrt. Man konnte doch nicht einen solchen Menschen einfach so in eine renommierte Gemeinde aufnehmen, auch wenn er in all seiner Schwachheit sein Vertrauen zu Jesus als seinem Heiland und Erlöser bekannte.

Erschütternd war bei dem ganzen, daß die »Westen« der Männer, die da urteilten, gar nicht so »weiß« waren, wie es nach außen den Anschein hatte. Doch der »Balken« im eigenen Auge nahm ihnen die rechte Sicht, so daß sie den Hilfesuchenden mit seinem »Splitter« richteten. Sie ignorierten die eigenen Schwächen, indem sie den anderen brandmarkten. Ihnen mangelte es an echter Selbsterkenntnis.

Gut, sie gingen nicht in die Kneipe, sie hatten nicht offiziell die Ehe gebrochen. Aber sie tranken regelmäßig ihren Wein und ihr Bierchen in ihren vier Wänden. Sie wußten von ehebrecherischen Gedanken in ihrem Herzen ebenso wie von Lüge und Neid. Doch das wollten sie nicht sehen.

IV. Richten macht blind. Aber die Liebe macht sehend!

1. »Im Richten bin ich blind gegen mein eigenes Böses und gegen die Gnade, die dem anderen gilt. In der Liebe Christi aber bedenkt der Jünger alle denkbare Schuld und Sünde, denn er weiß, wofür Jesus Christus gelitten hat. Zugleich aber erkennt die Liebe den anderen auch als den, dem unter dem Kreuz Christi vergeben ist. Liebe sieht den andern unter dem Kreuz. Eben darin ist sie in Wahrheit sehend. Ginge es mir beim Richten wirklich um die Vernichtung des Bösen, so würde ich das Böse dort suchen, wo es mich eigentlich bedroht, nämlich bei mir selbst. Suche ich aber das Böse beim andern, so wird gerade darin offenbar, daß ich auch in solchem Richten mein eigenes Recht suche, daß ich in meinem Bösen ungestraft bleiben will, indem ich den anderen richte. So ist die Voraussetzung allen Richtens der gefährlichste Selbstbetrug: daß nämlich mir das Wort Gottes anders gelte als meinem Nächsten. Ich mache ein Sonderrecht geltend, indem ich sage, mir gelte die Vergebung, dem anderen aber das richtende Urteil.«*

2. Es gibt wirklich eine »weiße Weste«. Doch die wird dem Menschen geschenkweise zugeordnet, nicht verdienstweise. »So kommt denn und laßt uns miteinander rechten, spricht der Herr: Wenn eure Sünde gleich blutrot ist, so soll sie doch schneeweiß werden; und wenn sie gleich ist wie Scharlach, so soll sie doch wie Wolle werden« (Jes 1,18).

V. Gehen wir zurück zu unserer Geschichte vom »Pharisäer und Zöllner«.

1. Der Pharisäer vergleicht sich mit dem Zöllner. Das gehört mit zu seinem »Balken«. Freilich kommt er da besser weg. »So etwas kommt bei mir nicht vor«, ist sein Denken. Doch dadurch wird alles, was er sagt und denkt, falsch, ja sogar verlogen, trotz der Wahrheiten im einzelnen. Nein, das kommt nicht bei ihm vor, dafür andere Schlechtigkeiten. Durch seine falsche Haltung, seinen

---

* Dietrich Bonhoeffer, Ethik, Chr. Kaiser Verlag München

Hochmut, wird auch sein Dankgebet unaufrichtig. Er dankt Gott und denkt dabei doch an sich selbst: »Er betete bei sich selbst«, lesen wir.

2. Ich muß da an manche Bekehrungsgeschichte denken. Viele werden ja schwarz-weiß erzählt: Früher war ich so schlecht. Ich rauchte, tanzte, trank Bier, ging ins Kino – und heute? Ja, was ist heute denn wirklich anders? Ich tanze nicht mehr, rauche nicht mehr, trinke nicht mehr, gehe nicht mehr ins Kino – ist das alles? Wer so denkt, erliegt bald der Gefahr, Christsein mit einer Tugend zu verwechseln. Doch solche Geschichten mit Gott gibt es viele, und je öfter sie erzählt werden, desto mehr richtet sich der Blick auf einen selbst. Dann sind die Motive wieder verschoben. Nicht Gott, man selbst steht im Mittelpunkt.

3. Auch dazu ein Beispiel:
Da ist ein Mann im fortgeschrittenen Alter, als Halbwaise aufgewachsen, mehr den Erziehern im Kindergarten und in Heimen überlassen als dem bergenden Schutz der Mutterliebe. Groß ist die Sehnsucht nach einer führenden und beschützenden Hand, nach Verstandenwerden und Angenommensein. Aber nirgends wird diese Sehnsucht gestillt.
Eine Änderung tritt ein, als er noch in Kindheitstagen biblische Geschichten kennenlernt. Die Liebe Gottes, des Vaters, wird zum Zufluchtsort in allen bedrängenden Lebenslagen. Doch aus dem Zufluchtsort wird im Laufe der Jahre, als die Auseinandersetzungen mit der Wirklichkeit des Lebens immer härter werden, eine Art Schneckenhaus, in das er sich immer zurückzieht, wenn er sich eigentlich der Auseinandersetzung mit den Konflikten stellen müßte, um in seiner Persönlichkeit zu wachsen und zu reifen. So entsteht ein eigenes, nicht biblisches Gottesbild. Der heilige, auch zürnende Gott, der zurechtweist, der auch bestraft, der sogar seinen eigenen Sohn für die Sünde der Welt und damit auch die eines jeden Menschen in den Tod dahingibt, hat in den Vorstellungen keinen Platz, nur der »liebe Gott«. Der Gott der Liebe wird abgelehnt.
Die zwischenmenschlichen Beziehungen werden durch dieses kranke Gottesbild immer unrealistischer. Es entstehen zunehmend Schwierigkeiten mit den Vorgesetzten. Eine Erwartungs-

haltung, in allem verstanden zu werden, nur geliebt, nicht zurechtgewiesen zu werden, führt immer wieder zum Verlust der Arbeitsstelle. Da er sein Leben nicht im Lichte des Wortes Gottes sieht, setzt eine immer massiver werdende Abwehrhaltung gegen alle ein, die zu einer neuen, heilsamen Sicht der Dinge beitragen wollen und um Einsicht und Erkenntnis eigener Schuld im Leben dieses Mannes beten.

Schuld? So etwas gibt es in seinem Leben nicht. Kann es ja nicht geben. Er lebt ja ganz aus der Liebe Gottes! Das ist seine Rechtfertigung. Wenn es Schuld gibt, dann sind all die andern schuld, die sein bisheriges Bild von seiner Beziehung zu Gott zerstören wollen. Er sucht das eigene Defizit grundsätzlich beim andern. Er braucht einen Prügelknaben, einen Sündenbock, auf den er abladen kann, was bei ihm selbst nicht in Ordnung ist.

Er meint, daß ihm die Gnade und Liebe Gottes sicher sind. Denn er ist bisher nur für andere dagewesen. Er liebte sie, er rieb sich für sie auf. Dabei merkt er gar nicht, daß alles, was er bisher tat und auch jetzt noch tut, aus ichbezogener Liebe geschieht und im Grunde genommen Selbstbefriedigung ist. Er leistet viel, das stimmt, und trotzdem fehlt ihm die Hauptsache: die Selbsterkenntnis, wer er ist. Er hat nicht den Mut, sich selbst zu begegnen, um so aus seiner Identitätskrise herauszufinden. Er sieht wohl den »Splitter« im Auge seiner Vorgesetzten, aber den »Balken« im eigenen Auge ignoriert er. Seine Haltung ist das Produkt einer tieferen Unaufrichtigkeit. Doch solche Sünde wirkt auf die Länge der Zeit krankmachend auf Leib und Seele.

VI. Wer Hilfe haben will, braucht den Mut, sich selbst zu begegnen.

1. Es ist Bereitschaft notwendig, sich mit sich selbst auseinanderzusetzen. Das heißt hart und geduldig am eigenen »Balken« arbeiten und zugeben: Ich bin bisher dieser Auseinandersetzung aus dem Weg gegangen. Ich will mit dem Vergleichsdenken anderen gegenüber aufhören. Ich will mich sehen lernen aus der Sicht der Bibel. Ich will aufhören, meine Schuld auf andere abzuschieben. Das heißt Auseinandersetzung mit meiner Vergangenheit, mit dem Verdrängten, mit Schuld, dem Peinlichen, dem Versteck-

ten, dem Ungeordneten, aber auch dem Nichtgelebten, Nichtver-wirklichten. Denn alles das hat ja nicht aufgehört zu wirken. Es ist gerade umgekehrt: Was sich unserem bewußten Einfluß entzieht, wird ganz schnell zur Brutstätte für Neid, Minderwertigkeitsge-fühle, Böses. Unbewußt heißt nicht abgekapselt ruhend. Nein, unbewußt heißt dynamisch agierend.

Es bedarf des Mutes, ehrlich gegen sich selbst zu werden. Auf-richtigkeit ist notwendig. Freilich kommt es da zu einer Erschütte-rung der bisherigen Persönlichkeit. Es gilt aus einer Lebenslüge auszusteigen.

2. Und das ist möglich, denn es gibt einen »Prügelknaben«, einen »Sündenbock«, auf den wir alle unsere Schuld, welchen Namen sie auch immer trägt, abwälzen dürfen. Jesus Christus hat die Stra-fe auf sich genommen, die jeder von uns verdient hat. Im Buch des Propheten Jesaja lesen wir: »Fürwahr, er trug unsere Krankheit und lud auf sich unsere Schmerzen. Wir aber hielten ihn für den, der geplagt und von Gott geschlagen und gemartert wäre. Aber er ist um unserer Missetat willen verwundet und um unserer Sünde willen zerschlagen. Die Strafe liegt auf ihm, auf daß wir Frieden hätten, und durch seine Wunden sind wir geheilt« (Jes 53,4–5).

VII. Aus einer Lebenslüge aussteigen kann nur, wer aufrichtig vor Gott ist.

1. Und das ist der Zöllner. Deutlich wird dies am Urteil Gottes über das Gebet der beiden Männer. Gerade hier unterscheidet sich der Zöllner in seinem Gebet vom Pharisäer. Wer ein schlech-tes Gewissen vor Gott hat, dem sind die anderen Menschen völlig gleich. Da geht es nur noch um einen selbst. Da ist man allein mit seinem Gott. Der Zöllner vergleicht sich nicht mit anderen, mit niemandem. Er sagt auch nicht: Ach die anderen sind noch schlechter, z. B. der Oberzöllner. Nein! Gott ist sein Maßstab, sein Gegenüber, nur er, und darum kann er sagen: Gott, sei mir Sünder gnädig. Er spricht den Anfang eines Gebetspsalmes, des 51. Psalmes, in dem Schuld bekannt wird und in dessen 19. Vers es heißt: »Das Opfer, das Gott gefällt, ist ein geängsteter Geist. Ein geängstetes, zerschlagenes Herz wirst du, o Gott, nicht verach-ten.« Hinter dem Gebet des Zöllners steht das Wissen um einen

letzten Hoffnungsschimmer, daß Gott ja sagt zum verzweifelten Sünder, zu dem, der im tiefsten Elend sitzt und das bekennt und ausspricht, weil er keinen Ausweg mehr weiß und sich nicht mehr selber helfen kann.

2. Gott sagt nein zum Selbstgerechten, der auf die Werke seiner Frömmigkeit baut, der zwar alles vorweisen kann, dem aber das Entscheidende fehlt: das Wissen, aus Gnaden richtig vor Gott zu stehen.

VIII. Der Zöllner geht gerechtfertigt aus der Gegenwart Gottes. Er ist bereit, sich selbst so zu sehen, wie er ist, seine Verlorenheit anzuerkennen; und so kann er auch sein Angenommensein bei Gott und damit das Neuwerden seines Lebens erfahren.
Der Weg, mit dem »Balken« im eigenen Auge fertig zu werden, also sich so zu sehen, wie man ist, und nicht die Verantwortung auf andere abzuschieben und sich damit selbst zu rechtfertigen, beginnt mit

– der Selbsterkenntnis:
  »Ich weiß, daß in mir, das ist in meinem Fleisch, wohnt nichts Gutes. Wollen habe ich wohl, aber vollbringen das Gute finde ich nicht. Denn das Gute, das ich will, das tue ich nicht; sondern das Böse, das ich nicht will, das tue ich« (Röm 7,18–19).

– Der Selbsterkenntnis folgt die Selbstannahme: »Gott sei mir Sünder gnädig« (Lk 18,13).

– Aus der Selbstannahme reift ein neues Selbstwertgefühl: Denn Gott sagt zu: »Du bist wert geachtet vor meinen Augen« (Jes 43,4).

– Auf diesem Selbstwertgefühl baut die gottgewollte Selbstverwirklichung auf: »Ich lebe, doch nun nicht ich, Christus lebt in mir« (Gal 2,20).

– Diese Selbstverwirklichung führt aus der Identitätskrise zur Selbstfindung: »Wer sein Leben liebhat, der wird's verlieren; und wer sein Leben auf dieser Welt haßt, der wird's erhalten zum ewigen Leben« (Joh 12,25).

»Wer sein Leben findet, der wird's verlieren; und wer sein Leben verliert um meinetwillen, der wird's finden« (Mt 10,39).

Wer sich als von Gott gewollte, begabte, geliebte und wertgeachtete Persönlichkeit selbst gefunden hat, wird gnädig und barmherzig mit dem Nächsten umgehen, wenn es dann darum geht, den Splitter aus seinem Auge zu ziehen. Er wird sich an Hudson Taylors seelsorgerliche Ermahnung halten: »Seelsorge ist: Wenn du es verstehst, durch Gebet, durch Gemeinschaft, mit Takt, Liebe, Nachsicht und Geduld mein Gewissen zu wekken und mich so dazu bringst, daß ich mich von meinen falschen Wegen zu dem richtigen wende, wenn ich Unrecht getan habe.«

IX. GEBET

Ein reines Herz, Herr, schaff in mir,
schließ zu der Sünde Tor und Tür;
vertreibe sie und laß nicht zu,
daß sie in meinem Herzen ruh.

Dir öffn' ich, Jesu, meine Tür,
ach komm und wohne du bei mir,
treib all Unreinigkeit hinaus
aus deinem Tempel, deinem Haus.

Laß deines guten Geistes Licht
und dein hell glänzend Angesicht
erleuchten mein Herz und Gemüt,
o Brunnen unerschöpfter Güt.

Und mache dann mein Herz zugleich
an Himmelsgut und Segen reich;
gib Weisheit, Stärke und Verstand
aus deiner milden Gnadenhand.

So will ich deines Namens Ruhm
ausbreiten als dein Eigentum
und dieses achten für Gewinn,
wenn ich nur dir ergeben bin.

Heinrich Georg Neuß, 1654–1716

EmKG Nr. 396

Fragen zu Kapitel 4 – »Splitter und Balken«

I. 1. Wie ist das, was der Pharisäer an guten Werken
       aufzählt, grundsätzlich zu bewerten? _____
       _____
       _____
       _____

    2. Woran könnte man einen solchen »Zöllner«, der
       über sich selbst verzweifelt, heute erkennen? _____
       _____
       _____
       _____

    3. Warum kommt in diesem Gleichnis der Zöllner
       gut und der Pharisäer schlecht weg? _____
       _____
       _____
       _____

II.   An welchen Personenkreis richtete Jesus das
       Gleichnis? _____
       _____
       _____
       _____

       Was war falsch im Leben dieser Menschen? _____
       _____
       _____
       _____

    1. Wieso paßt hier der ältere Bruder aus dem
       Gleichnis »Der verlorene Sohn« mit dem
       Pharisäer zusammen? _____
       _____
       _____
       _____

    2. Ist nun das, was der Zöllner getan hat, »alles gar
       nicht so schlimm«? _____

III. 1. Worin unterscheidet sich das Gebet des Zöllners
von dem des Pharisäers? _____

_____

_____

2. Versuchen Sie bitte hier, dem Pharisäer die
Bibelstelle Römer 3,23–24 zu verdeutlichen. _____

_____

_____

_____

3. Kann man einen solchen Menschen, wie er hier
beschrieben ist, wirklich einer Gemeinde
zumuten? _____

_____

_____

Haben Sie in Ihrer Gemeinde hier schon
Erfahrungen gemacht? _____

_____

_____

_____

IV. 1. Wenn ich einen anderen richte – was geschieht
dann im Blick auf meine eigene Schuld? _____

_____

_____

2. In Matthäus 18,15 werden wir aufgefordert zu
ermahnen. Worin liegt der Unterschied zwischen

richten und ermahnen? _____

_____

_____

_____

_____

3. Wie bekommt man die »weiße Weste«? Suchen
   Sie dazu bitte noch Belegstellen aus der Bibel. ___

_____

_____

_____

_____

V. 1. Worin besteht der »Balken« des Pharisäers? _____

_____

_____

_____

_____

2. Wenn Christsein keine Tugend ist, worum geht es
   dann dabei? _____

_____

_____

_____

3. Worin liegt das Fehlverhalten des Mannes in
   diesem Beispiel? _____

_____

_____

_____

VI. 1. Wie wird man den »Balken« im eigenen Auge
    los? _____

_____

_____

_____

2. Machen wir es uns da nicht etwas zu leicht, wenn
   wir Jesus zu unserem »Sündenbock« machen?

Inwiefern? _____

_____

_____

_____

_____

VII.   Wodurch wird es möglich, aus der Lebenslüge auszusteigen? _____

_____

_____

_____

    1. Wer muß unser Maßstab sein im Blick auf unsere Schuld? _____

_____

_____

    2. Welchen Maßstab hatte der Pharisäer? _____

_____

_____

_____

_____

VIII.   Wodurch konnte der Zöllner gerechtfertigt aus der Gegenwart Gottes gehen? _____

_____

_____

_____

_____

_____

_____

Persönliche Fragen:

Können Sie die angesprochenen Schritte
  - Selbsterkenntnis
  - Selbstannahme
  - neues Selbstwertgefühl
  - gottgewollte Selbstverwirklichung
  - Selbstfindung
in Ihrem eigenen Leben nachvollziehen?_____

_____

_____

_____

_____

Wenn nicht, worin liegt Ihre Schwierigkeit?_____

_____

_____

_____

_____

_____

_____

_____

Merkvers: Jesus spricht: »Richtet nicht, auf daß
ihr nicht gerichtet werdet« (Mt 7,1).

Name: _____

Vorname: _____

Straße: _____

Ort: _____

Persönliche Überlegungen:

Kapitel 5

Wenn wir den Pferden den Zaum ins Maul legen, daß sie uns gehorchen, so lenken wir ihren ganzen Leib. Siehe, auch die Schiffe, ob sie wohl groß sind und von starken Winden getrieben werden, werden sie doch gelenkt mit einem kleinen Ruder, wo der hin will, der sie regiert. So ist die Zunge ein kleines Glied und richtet große Dinge an. Siehe, ein kleines Feuer, welch einen Wald zündet's an! Und die Zunge ist auch ein Feuer, eine Welt voll Ungerechtigkeit ... Die Zunge kann kein Mensch zähmen, das unruhige Übel, voll tödlichen Gifts. Durch sie loben wir Gott, und durch sie fluchen wir den Menschen, die nach dem Bilde Gottes gemacht sind. Aus einem Munde geht Loben und Fluchen. Es soll, liebe Brüder, nicht so sein.
Jakobus 3,3–10

Merkvers: »So leget nun ab alle Bosheit und allen Betrug und Heuchelei und Neid und alle üble Nachrede« (1 Petr 2,1).
Jesus sagt: »Ich sage euch aber, daß die Menschen müssen Rechenschaft geben am Jüngsten Gericht von einem jeden unnützen Wort, das sie geredet haben« (Mt 12,36).

Hast du schon gehört . . .?

Frau X und Frau Y treffen sich beim Einkauf. Sie gehen ein Stück miteinander auf dem Heimweg. Wer sie beobachtet, hat den Eindruck, daß sie sich über tiefgreifende Fragen unterhalten. Wer ihnen allerdings zuhört, macht die ganz andere Feststellung: Da wird hinter dem Rücken von Nichtanwesenden allerlei Übles geredet.

Ein großer Teil der alltäglichen Konversation besteht aus Klatsch, aus ungesichertem Gerede, unverbürgten Informationen, subjektiven Vermutungen, meist negativem Vorurteil der Menschen übereinander. Klatsch ist universell, nicht an Zeit, Ort, Altersgruppe, Geschlecht oder Beruf gebunden.

Wer nun allerdings meint, dieser Klatsch entstehe nur am Biertisch oder beim Friseur oder sei nur in den Klatschspalten der Magazine und Illustrierten zu finden, der irrt gewaltig. Nein, der folgenschwerste Klatsch – das ist für mich eine erschütternde Tatsache –, der in der heutigen Zeit seine Runde macht, wird von Christen weitergegeben, die Sonntag für Sonntag im Gottesdienst sind. Die üble Nachrede durch Christen ist auf dem besten Wege, Satans wirkungsvollste Waffe zu werden, um die Gemeinschaft in der Gemeinde Jesu zu belasten, ja zu zerstören.

Wie schnell passiert es, daß man zu Hause am Sonntag, statt über die gehörte Predigt miteinander weiter nachzudenken und darüber zu sprechen, um das Gehörte zu vertiefen, über den Pastor herzieht, über sein neues Auto, seine langen Haare, seine ungünstig gekleidete Frau, seine auf Abwege geratenen Kinder . . .

Oder man munkelt, daß es da und dort in der Ehe kriselt; die Kinder von den und den Gemeindegliedern sich nicht um ihre Eltern kümmern; die und die einen furchtbaren Lebenswandel führen . . .

Schneller, als wir denken, werden Gemeinden und Gruppen zu Brutstätten des Klatsches und des üblen Geredes hinter dem Rükken der anderen, in Abwesenheit der Betroffenen. Manchmal steckt dahinter ein gutes Motiv: Man möchte füreinander verantwortlich sein, man möchte füreinander beten, und dazu ist Information nötig. Wie leicht aber endet alles in unverantwortlichem Geschwätz und im unbrüderlichen Urteil über den anderen.

Gerade die Verantwortlichen in einer Gemeinde und in einem Verein, im Vorstand und in einem Leitungsgremium sind hier besonders gefährdet und häufig geistlich lahmgelegt, weil sie diese Gefährdung weder erkennen noch ihr widerstehen, ja eigentlich noch gar nicht begriffen haben, was das heißt: »Verlästert einander nicht« (Jak 4,11) und »So legt ab alle üble Nachrede« (1 Petr 2,1).

Immer wieder findet man Entschuldigungen, sich dem Wort Jesu zu entziehen: »Eure Rede sei: Ja, ja – nein, nein!« (Mt 5,37). Und nur selten hält man einmal inne, um über das Endresultat nachzudenken: das zerstörte Vertrauen, die belastete Beziehung und den oft nicht mehr zu heilenden Schaden. Unser Wort kann dem anderen das Leben zerstören!

I. Üble Nachrede ist nicht, wie manche meinen, dasselbe wie lügen oder verleumden.

1. Was man sagt, mag noch so wahr sein, es mag sich zugetragen haben, und doch ist es üble Nachrede, wenn man von einer abwesenden Person Schlechtes redet und sie schlechtmacht. Das gilt auch für die Begebenheiten, wo man vielleicht unter der Beteuerung des Wohlwollens gegen die betreffende Person, verbunden mit dem Ausdruck der Hoffnung, es möge nicht ganz so schlimm sein, das, was einen bewegt, sozusagen »im Vertrauen« weitersagt.

Der Preis für solches Verhalten ist sehr hoch. Er kostet gerade dieses Vertrauen. Vertrauen aber ist eine empfindsame Währung. Sie sinkt schnell im Kurs und wird total zerstört, wenn sie erst einmal gefallen ist. Es dauert oft Jahre, und manchmal gelingt es überhaupt nicht mehr, Vertrauen, das durch eine einzige unbedachte Äußerung zerschlagen wurde, wieder mühsam zurückzugewinnen.

2. Üble Nachrede ist ein tödliches Gift, das in der Gerüchteküche gebraut wird. Nicht wenige Menschen sind auf diese Weise erledigt worden. Rufmord heißt das. Nicht irgendwo an einem geheimgehaltenen Ort geschieht das, sondern mitten in der christli-

chen Gemeinde. Immer wieder stehe ich unter dem Eindruck, daß Menschen, die ihr Leben unter der Herrschaft Jesu Christi führen wollen, an dieser Stelle besonders gefährdet sind.

a. Offensichtlich hatte man sich auch in den Anfängen des Methodismus mit diesem Übel auseinanderzusetzen. So schreibt John Wesley am 9. Oktober 1748 in seinem Tagebuch: »Ich begann die Klassen (heute: Gemeinde- oder Seelsorgegruppen) in Kingswood durchzugehen und sah wie noch nie die List des Teufels, der schon so oft unsere Hände gelähmt und Bruder gegen Bruder aufgereizt hat. Da war nämlich, wie früher schon oftmals, ein großes Geschrei aufgebracht worden: Was für Schande machen doch diese Leute dem Evangelium. Was für eine Gemeinschaft ist das. Mit so vielen Trunkenbolden, Klatschbasen und Verleumdungen. Deshalb machte ich mich auf ein schweres Stück Arbeit gefaßt. Und damit keiner von diesen anstößigen Menschen verborgen bliebe, versammelte ich zuerst die Klassenführer, um von ihnen über jede Person in jeder Klasse genaue Auskunft zu bekommen. Dann kam ich mit den Klassen selbst zusammen und erkundigte mich nochmals genau nach jedem einzelnen. Und was war dann der Hintergrund aller dieser Geschwätze? Nichts weiteres, als daß innerhalb dreier Monate zwei Personen in Trunkenheit zurückgefallen waren und eine Frau über eine andere eine dumme Geschichte erzählt hatte. Ich hätte eher zweiundzwanzig Fälle der einen Art erwartet und hundert der anderen.«

b. Der Teufel scheint da wirklich auf dem Plan gewesen zu sein. Denn am 1. November des darauffolgenden Jahres klagt Wesley in seinem Tagebuch aufs neue: »Ich mußte viele Klagen über allgemeine Lauheit in der Londoner Gemeinschaft hören, gerade zu der Zeit, wo es in den meisten anderen Gemeinden Englands merkwürdig lebendig wurde. Daran waren besonders einige junge Leute schuld, die sich ständig dazu hergaben, Anstöße und Ärgernisse weiterzutragen. Doch wurde dieser Seuche bald Einhalt getan: Einige dieser Brandstifter gingen von uns weg. Andere kamen zu der Einsicht, daß sie im Namen des Herrn die Arbeit des Teufels getan hatten.«

c. So sahen sich die Brüder John und Charles Wesley und elf weitere verantwortliche Mitarbeiter am 29.1.1752 veranlaßt, im

Blick auf die Verbreitung böswilligen Klatsches eine Selbstverpflichtung zu unterschreiben, die an ihrer seelsorgerlichen Aktualität bis heute nichts verloren hat. Darin heißt es:

»Wir, die Unterzeichner, stimmen in folgendem überein:

- Daß wir auf etwas Böses, das einen von uns betrifft, nicht hören noch willentlich danach forschen wollen.

- Daß wir, wenn wir etwas Böses voneinander vernehmen, es nicht gleich glauben wollen.

- Daß wir, was wir hören, der betreffenden Person sobald wie möglich mündlich oder schriftlich mitteilen wollen.

- Daß wir, ehe wir dies nicht erledigt haben, mit keiner Silbe irgendeiner anderen Person schriftlich oder mündlich davon Mitteilung machen wollen.

- Daß wir, auch wenn wir dem Betreffenden Mitteilung gemacht haben, niemandem gegenüber sonst etwas davon erwähnen wollen.

- Daß wir keine Ausnahme von irgendeiner dieser Regeln machen wollen; es sei denn, daß wir uns in der Predigerkonferenz absolut dazu verpflichtet fühlen, es zu tun.«

d. Einige Wochen später (5. 2. 1752) hielt John Wesley in Bristol eine Predigt nach dem Text Matthäus 18,15–17 unter dem Thema »Das Heilmittel gegen die üble Nachrede«. Auch wenn das sprachliche Gewand dieser Predigt ein wenig altertümlich ist, an Aktualität und Wegweisung hat sie nichts verloren. Im Schlußteil heißt es:

»O daß ihr alle, die ihr die Schmach Christi traget und mit dem Spottnamen Methodisten genannt werdet, wenigstens in dieser einen Sache der sog. christlichen Welt ein Vorbild geben wollt! Tut von euch die üble Nachrede, den Klatsch, die Ohrenbläserei! Laßt nichts Derartiges aus eurem Munde gehen! Sehet zu, daß ihr ›über niemand Böses redet‹ und über die Abwesenden nichts als Gutes. Wenn ihr abgesondert werden müßt, ob ihr wollt oder nicht, so laßt dies das sonderliche Merkmal eines Methodisten sein: ›Er kritisiert niemand hinter seinem Rücken. An dieser Frucht sollt ihr ihn erkennen.‹ Welche segensreiche Wirkung dieser Selbstverleugnung würden wir sogleich in unserem Herzen verspüren. Unser Friede würde sein wie ein Wasserstrom, wenn wir auf diese Weise ›dem Frieden gegen jedermann nachjagten‹. Wie würde die Liebe Gottes in unsere eigene Seele reichlich ausgegossen werden, wenn wir unsere Liebe an unseren Brüdern so bewiesen. Welche Wirkung würde ausgehen auf alle, die im Namen des Herrn Jesus verbunden sind. Wie würde die brüderliche Liebe ständig vermehrt werden, wenn dieses große Hemmnis aus dem Weg geräumt wäre! Dann würden alle Glieder des Leibes Christi ganz von selbst füreinander sorgen. So ein Glied leidet, so würden alle Glieder mitleiden; und so ein Glied wird herrlich gehalten, so würden alle Glieder sich mitfreuen. Jedermann würde den Bruder inbrünstig liebhaben aus reinem Herzen. Aber nicht nur das. Welch eine Wirkung würde davon ausgehen auf die wilde, gedankenlose Welt! Wie bald würden sie in uns entdecken, was sie unter den Tausenden ihrer Brüder nicht finden könnten und ausrufen (wie Julianus, der Abtrünnige, zu seinen Höflingen): ›Seht, wie diese Christen einander liebhaben!‹ Und nicht wie heute: ›Seht, wie sie übereinander herziehen!‹ Der Herr mache uns tüchtig, einander so zu lieben, nicht nur mit Worten noch mit der Zunge, sondern mit der Tat und der Wahrheit, gleichwie Christus uns geliebt hat«* (1 Joh 3,18; 4,11; Joh 13,34; Röm 13,8; 2 Joh 5).

II. Es gehört Mut dazu, gegen den Strom zu schwimmen, nicht mitzumachen, wenn über andere in deren Abwesenheit schlecht geredet wird oder man sie schlechtmacht.

1. Jeder Tag bietet ein weites Übungsfeld, denn auch Christen sind sog. »Zungenakrobaten«. Viele reden, reden, reden. Etliches davon wäre gewiß entbehrlich, und manches ist vom Übel. Wie schnell ist ein abfälliges Wort, ein vorschnelles Urteil ausgesprochen über Familienangehörige, Freunde, Nachbarn, über Leute mit einem anderen Frömmigkeitsstil, über theologische Opponenten oder andersdenkende kirchliche Gruppen. Damit ist

---

* G. Lean, John Wesley – Modell einer Revolution ohne Gewalt, Christliches Verlagshaus Stuttgart

Dr. J. W. Ernst Sommer, Hrsg., Wesley Predigten, Anker-Verlag Ffm.

nichts gegen (notfalls auch harte) Kritik und Diskussion in der Sache gesagt. Es geht allein um das abfällige Wort, das den anderen schlechtmacht; um das vorschnelle Urteil, das seiner Position nicht gerecht wird, weil es eben kein »Vor-Urteil«, sondern meistens ein diffamierendes, endgültiges Urteilsprechen ist.

2. Daher wollen wir bewußt lernen, mit unseren Worten, unserem Reden verantwortlich umzugehen. Unsere Worte sollen heilenden und nicht zerstörenden Charakter haben. Das kann auch bedeuten, daß wir ein Gespräch unterbrechen oder auch abbrechen, weil es sonst zum Geschwätz, zur üblen Nachrede wird. Dadurch kann ein heilsames Schweigen in unseren Familien und Gemeinden einziehen. Doch das wird nicht das Miteinander und Füreinander, auch nicht unsere missionarischen Aktivitäten stören. Es wird aber deutlich machen, wo durch Gerede gerade das Füreinander und Miteinander, gerade solche Aktivitäten im Keim erstickt werden, denn: »Wenn jemand meint, er diene Gott und hält seine Zunge nicht im Zaum, der betrügt sich selbst, und sein Gottesdienst ist wertlos« (Jak 1,26; Einheitsübersetzung).

3. Die folgende kleine Erzählung kann entscheidend weiterhelfen beim Einüben von verantwortlichem Reden:
Ein junger Chinese kam einst zu einem alten Chinesen, um ihm einigen Klatsch über den gemeinsamen Bekanntenkreis zu erzählen. Kaum hatte der junge Chinese seinen Sermon begonnen, da unterbrach ihn der alte Chinese, der ein sehr weiser Mann war, und fragte ihn: »Mein lieber junger Freund, du bist dabei, mir einiges über unsere Bekannten zu erzählen. Ich bin begierig, dich zu hören. Doch laß mich dir vorweg eine kleine Frage stellen, die ich für unsere Unterredung als sehr wichtig erachte: Hast du deine Worte schon durch drei Siebe geschüttet, so daß sie geläutert ihren Weg zu meinen Ohren finden?« – »Welche drei Siebe meinst du?« fragte der junge Mann verwirrt. »Kennst du die drei Siebe nicht?« erwiderte der Alte nun sehr erstaunt. »Ich kenne das Sieb der Wahrheit: Bist du ganz sicher, daß das wahr ist, was du mir erzählen willst? – Und sodann das Sieb der Verantwortung: Wirst du mit deinen Worten nicht unversehens Schaden anrichten? Und zum letzten: das Sieb der Liebe: Wirst du mit deinen Worten

nicht einem Menschen wehe tun? – Siehe, diese drei Siebe: Wahrheit, Verantwortung, Liebe machen unsere Rede fruchtbar. Jedes für sich allein ist unvollkommen. In allen drei zusammen sollen wir unsere Worte prüfen, und was ihnen nicht entspricht, das verschweigen wir lieber.«

4. Von einem Dichter wird erzählt, er habe in seinem Arbeitszimmer an der Lehne aller Stühle die Worte anbringen lassen:»Die Abwesenden sind da!« Er hatte sicher seine Gründe dafür. Wie schnell gleiten Gespräche ab zur lieblosen Kritik! Da vermag der Blick auf solch eine warnende Inschrift wahre Wunder wirken. Plötzlich regt sich das sonst stocktaube Gewissen und gebietet der voreiligen Zunge Einhalt.

Wer denkt bewußt daran, daß üble Nachrede Sünde ist, anmaßendes Aburteilen eines Menschen, der nichts davon ahnt und keine Gelegenheit hat, sich zu verteidigen?! Schon im Sprichwort sind »böse Zungen und böse Ohren beide des Teufels«. Nach der Legende pflegte Alexander der Große jedem Ankläger nur ein Ohr zu leihen. Während er sich das andere zuhielt, sagte er:»Dies zweite muß ich dem Beklagten aufsparen.«

III. Das gegenseitige Schlechtmachen, Verklagen und Verurteilen zerstört jede Gemeinschaft. Es ist eine der starken, niederbrechenden Mächte unserer Tage in der Gemeinde Jesu. Besonders schlimm dadurch, daß viele diese Gefahr nicht erkennen und ihr damit schnell erliegen.

Was haben wir daher zu lassen und was zu tun, um diesen Teufelskreis zu durchbrechen?

– Überdenken Sie mehr Ihre eigenen Fehler!
  Wenn Sie es aufrichtig tun, vergeht ihnen die Lust am Kritisieren anderer. Sie haben genug mit sich selbst zu tun.
  Erkennen Sie sich selbst!

– Prüfen Sie Ihr bisheriges Verhalten!
  Wenn andere öfters zu Ihnen kommen, um Ihnen Verfehlungen Abwesender mitzuteilen, liegt es nahe, daß Sie bisher ein offenes Ohr dafür hatten.
  Ändern Sie Ihre Gesinnung!

- Weigern Sie sich, üble Nachrede anzunehmen!
Wenn Sie den Mut aufbringen, schlechtes Reden über Nichtan-
wesende frühzeitig abzublocken, werden die Schwätzer in Ihrer
Gegenwart verstummen.
Schwimmen Sie gegen den Strom!

- Fordern Sie den, der hinter dem Rücken des Abwesenden
Schlechtes spricht, auf, es dem Betroffenen sofort selbst zu sa-
gen!
Wenn Sie diese Haltung mit Nachdruck vertreten, werden Sie
erstaunt sein, wie schnell die üble Nachrede erstickt.
Gehen Sie auf klaren Kurs!

- Entdecken Sie mehr das Gute im Leben des anderen!
Wenn Sie weniger die Schwächen im Leben des anderen su-
chen, finden Sie mehr seine positiven Seiten.
Gewinnen Sie eine neue Sicht!

- Beten Sie mehr für den anderen!
Wenn Sie mehr mit Gott über den anderen sprechen, brauchen
Sie es nicht bei anderen zu tun.
Lernen Sie die Unheiligkeit des anderen heilig zu behandeln!

- Danken Sie mehr für den anderen!
Wenn Sie nicht nur die Niederlagen im Leben des anderen sehen, sondern auch seine Siege erkennen wollen, gewinnen Sie
eine neue, positive Einstellung zu ihm.
Für ihn danken verscheucht die üble Nachrede!

- Lieben Sie den anderen!
Wenn Sie bedenken, daß Jesus den anderen ebenso liebt wie
Sie, dann können Sie ihn gar nicht mehr schlechtmachen.
Tun Sie ihm Gutes!

- Segnen Sie den anderen in Gedanken!
Wenn Sie wirklich Böses mit Gutem überwinden wollen, dann
bitten Sie Gott, daß er die Fülle seines Segens nach Leib, Seele
und Geist über den anderen ausschütte.
Reden Sie Gutes über den anderen!

So kann üble Nachrede überwunden werden. Wir haben die
Möglichkeit, unsere Worte als Segensträger zu benutzen. Dann
haben sie aufbauende Kraft. Sie werden zu heilender Medizin.

IV. GEBET

Lehr mich, Herr, die Worte wägen,
eh sie noch die Zunge spricht;
mir ist viel daran gelegen,
denn die Luft verweht sie nicht.
Nein, von Worten, die nichts nütze,
forderst du einst Rechenschaft,
und vor deinem Richtersitze
werden sie mit Ernst bestraft.

Sei, o Gott, mir Sünder gnädig,
den sein eigner Mund verdammt;
denn der war auch übelredig
und von Zorn oft angeflammt.
Sprich, da du mich könntest töten,
mir dein Wort der Gnaden ein;
laß dein Blut, Herr Jesu, reden,
daß mir soll vergeben sein!

Halte durch die Zucht der Gnade
mir die Zunge stets im Zaum,
sonst entstehet leicht ein Schade,
und der Leichtsinn merkt ihn kaum.
Was uns an dem Heil verkürzet,
das ist schädlicher als Gift.
Meine Rede sei gewürzet
mit dem Salz aus deiner Schrift.

Mach mich allezeit bedächtig,
daß ich rede als ein Christ,
ob es schon dem Stolz verächtlich
und dem Weltsinn Torheit ist.
Wenn es nur zu deiner Ehre
und zu deinem Dienst geschicht;
was der Welt gefällig wäre,
das gefiele Christo nicht.

Philipp Friedrich Hiller, 1699–1769
EmKG Nr. 401

Fragen zu Kapitel 5 – »Hast du schon gehört . . .?«

Können Sie dem zustimmen, daß ein großer Teil der alltäglichen Konversation aus Klatsch besteht? _____

_____

_____

_____

Wieso kann man dies als die wirkungsvollste Waffe Satans in der Gemeinde bezeichnen? _____

_____

_____

_____

Was will Jesus mit den Worten sagen: »Eure Rede sei: Ja, ja – nein, nein!?« _____

_____

_____

_____

I. 1. Haben Sie auch schon oft die »Wahrheit« über andere »im Vertrauen« weitergesagt? _____

_____

_____

Wäre da um Vergebung zu bitten? _____

_____

_____

2. Sind Sie auch der Meinung, daß Christen an dieser Stelle besonders gefährdet sind? _____

_____

_____

Warum? _____

_____

_____

_____

Wie denken Sie über den Text von John Wesley
unter c.? _____

_____

_____

_____

Könnte das nicht auch eine »Selbstverpflichtung«
für Sie persönlich sein? _____

_____

_____

_____

Sie können diese auch allein vor Gott abgeben.
Wenn es Ihnen aber eine Hilfe ist, auch hier uns
bezeugen: _____

_____

_____

_____

_____

_____

_____

_____

II. 1. Woran erkennt man die »Diskussion in der
Sache«, und ab wann beginnt »liebloses
Gerede«? _____

_____

_____

_____

2. Wie kann man einem Menschen helfen, der redet, redet, redet? _____

_____

_____

_____

_____

_____

Welche Auswirkungen hat es, wenn das »heilsame Schweigen« in unseren Familien und Gemeinden einzieht? _____

_____

_____

_____

_____

_____

3. Wie können Sie sich die »drei Siebe: Wahrheit, Verantwortung und Liebe« in Ihrem Reden zu eigen machen? _____

_____

_____

_____

_____

_____

4. Lesen Sie bitte Matthäus 12,36. Was kann man tun, um diese ernste Mahnung mehr vor Augen zu haben? _____

_____

_____

_____

_____

Persönliche Fragen:

III. Wenn Sie die hier gezeigten Anstöße und Hilfen überdenken, schreiben Sie bitte fünf Dinge auf, die Sie in Zukunft nicht mehr tun wollen, und fünf, die Sie sich aneignen wollen.
Aufhören will ich mit:

1. _____

2. _____

3. _____

4. _____

5. _____

Dagegen will ich tun:

1. _____

2. _____

3. _____

4. _____

5. _____

Worin liegt die Möglichkeit, daß dieser Entschluß tatsächlich verwirklicht werden kann? (Röm 6,6 u. 11; 2 Kor 2,14). _____

_____

_____

_____

_____

Merkvers: »So leget nun ab alle Bosheit und allen Betrug und Heuchelei und Neid und alle üble Nachrede« (1 Petr 2,1). Jesus sagt: »Ich sage euch aber, daß die Menschen müssen Rechenschaft geben am Jüngsten Gericht von einem jeden unnützen Wort, das sie geredet haben« (Mt 12,36).

Name: _____

Vorname: _____

Straße: _____

Ort: _____

Persönliche Überlegungen:

Kapitel 6

Da gingen die Pharisäer hin und hielten einen Rat, wie sie Jesus fingen in seiner Rede. Und sandten zu ihm ihre Jünger samt des Herodes Dienern. Und sie sprachen: Meister, wir wissen, daß du wahrhaftig bist und lehrst den Weg Gottes recht und du fragst nach niemand; denn du achtest nicht das Ansehen der Menschen. Darum sage uns, was dünkt dich: Ist's recht, daß man dem Kaiser Zins gebe, oder nicht? Da nun Jesus merkte ihre Bosheit, sprach er: Ihr Heuchler, was versucht ihr mich? Weiset mir die Zinsmünze! Und sie reichten ihm einen Groschen dar. Und er sprach zu ihnen: Wes ist das Bild und die Aufschrift? Sie sprachen zu ihm: Des Kaisers. Da sprach er zu ihnen: So gebt dem Kaiser, was des Kaisers ist, und Gott, was Gottes ist! Da sie das hörten, verwunderten sie sich und ließen ihn und gingen davon.
Matthäus 22,15–22

Merkvers: »Gebt dem Kaiser, was des Kaisers ist, und Gott, was Gottes ist!« (Mt 22,21).

Kompromisse – ja oder nein?

Kann ein Christ Kompromisse schließen? Ein umstrittenes Thema. Schnell stehen sich die unterschiedlichsten Meinungen gegenüber.

Diese Frage kann auch nicht mit einem glatten Ja oder Nein ein für allemal beantwortet werden. So einfach, wie viele das gerne hätten und es sich auch manchmal machen, ist die Sache nicht.

I. Laut Duden handelt es sich um eine »Übereinkunft in strittiger Angelegenheit durch teilweises Nachgeben und beiderseitige Zugeständnisse«.

1. Ich habe in meinem Leben gelernt, daß es ohne das Miteinandersprechen, ohne Absprachen, ohne Übereinkünfte nicht geht. So eigenartig das für den einen oder anderen klingen mag, aber ich mußte lernen: Wir leben davon, daß Kompromisse geschlossen werden. Das gilt für das Privatleben ebenso wie für das Gemeindeleben, das gesellschaftliche Leben und das Miteinander der Völker.

Wer ohne Rücksicht auf andere seine Meinung stets durchsetzen will, wird hinterher oft erkennen müssen, daß er mehr zerstört als aufgebaut hat. Das gilt für alle Bereiche, wo Menschen zusammenleben. In der Ehe und Familie z. B. wird das erschreckend deutlich: Das Durchpauken von eigenwilligen Prinzipien, ohne daß man einander anhört, und das Auseinanderlaufen einer Familie sind oft die beiden Seiten derselben Medaille.

Was im Kleinen gilt, hat seine Berechtigung auch im Großen. Ohne vermittelnde Übereinkünfte würde binnen kurzem nur noch ein allgemeines Chaos herrschen.

Wir müssen also lernen, uns auseinanderzusetzen, indem wir uns zusammensetzen und gegenseitig verständlich machen im Reden und Zuhören. Dabei können Regeln sehr hilfreich sein, Kompromisse zu finden, die allen Beteiligten dienen (vgl. Friedensmacher – Positiv streiten lernen).

2. Gerade auch unter Christen verschiedener Konfessionen, theologischer Grundrichtungen und unterschiedlicher Ausprägung der Frömmigkeit geht es nicht, ohne sich gegenseitig anzuhören

und anzunehmen. Das ist gewiß nicht einfach, besonders dann, wenn in einer strittigen Frage beide Seiten sich auf dieselbe Heilige Schrift und denselben Heiligen Geist berufen. Wer spricht den Schiedsspruch, den beide anerkennen? In den meisten Fällen wird es richtig sein, unter Eingehen von Kompromissen weiter beisammen zu bleiben und dem Geiste und Worte Gottes das Ohr zu öffnen. Geduldiges Hören ergibt nicht selten gemeinsames Hören und so die Korrektur der eigenen Meinung auf das hin, was der andere schon vorher gehört hat. Hier gilt als Richtschnur die Erfahrung der Väter als wegweisende Hilfe: »Im Wesentlichen Einheit, im Nebensächlichen Freiheit, in allem die Liebe.« Ich kann mir denken, daß der eine oder andere damit nicht so recht zufrieden ist. Ausgerechnet dem Kompromiß das Wort reden?! Ist nicht gerade das die große Gefahr, daß viel zu schnell (oft auf Kosten der Wahrheit) Kompromisse geschlossen werden? Zweifellos besteht die Gefahr. Doch diesen faulen Kompromiß, bei dem aus Nachgiebigkeit und Schwäche man sich dem anderen anpaßt, will ich nicht anpreisen.

3. Auch wenn wir einen Kompromiß schließen, muß Gottes Wille als oberste Norm unangetastet bleiben und in der getroffenen Entscheidung zu erkennen sein. Die Solidarität mit den Geringen, den »Mühseligen und Beladenen«, denen, von denen z. B. die Bergpredigt spricht (Mt 5–7), muß immer gewahrt bleiben, darf niemals außer acht gelassen werden. Der Gefahr, dies aus den Augen zu verlieren, bin ich mir bewußt.

Häufig stelle ich fest, daß Christen sich mit vernichtender Kritik gegen solche wenden, die bewußt versuchen, Brücken zu Andersdenkenden zu bauen in dem Sinne des Wortes: »Gott will, daß allen Menschen geholfen werde und sie zur Erkenntnis der Wahrheit kommen« (1 Tim 2,4). Dazu gehört auch die Freundschaft zu Nichtchristen. Dabei verfällt man oft dem Mißverständnis, »keine gemeinsame Sache machen« wäre gleichzusetzen mit »die Gemeinschaft aufkündigen«. Man unterstellt von vornherein, daß man sich anbiedern will, daß man seine eigene Meinung oder gar die Grundlage der Glaubenswahrheiten, das Heil in Jesus Christus, verrate.

Prüft man solche Kritik näher, so entdeckt man, daß die Kritiker sich kaum bemüht haben, die Zusammenhänge näher kennenzulernen. Oft berufen sie sich auf irgendwelche aus dem Zusammenhang gelösten Sätze, auf Quellen, deren Glaubwürdigkeit sie selten hinterfragen und prüfen. Solches Verhalten zeigt, daß auch zum Kompromiß Mut gehört, z. B. gegen das »endgültige Vorurteil« anzugehen und auf dem als richtig erkannten Weg in Verantwortung vor Gott zu bleiben. Kompromisse schließen Risiken nicht aus, weder das Risiko einer falschen Entscheidung, noch das des Mißverständnisses seitens der eigenen Freunde und Mitchristen.

Jedenfalls sollte trotz der Gefahr des faulen Kompromisses nicht jedes Nachgeben und Entgegenkommen gleich verdächtigt werden. Gott will nicht, daß wir mit Unnachgiebigkeit zerstörend wirken. Kompromisse richten sich nie gegen die Liebe, sondern werden von ihr gefordert. Wer glaubt, ist kompromißbereit. Verletzt ist schnell, Wunden heilen braucht Zeit. Nach meinem Verständnis der Bibel sollen praktizierende Christen bei den Verbindenden sein.

II. Dietrich Bonhoeffer ist wie kaum ein zweiter befähigt, sachverständig und glaubwürdig zur Frage des Kompromisses Stellung zu nehmen. Er wurde am 9. April 1944 im Konzentrationslager Flossenbürg hingerichtet, nachdem er als Theologe bewußt den Weg des politischen Widerstandes gegen das Unrechtssystem beschritten hatte. Die zitierten Sätze aus einem Romanfragment und der von ihm verfaßten Ethik zeigen uns, wie intensiv er sich gerade auch mit dieser Sache des Kompromisses beschäftigt hat. Bonhoeffer antwortet auf die Frage:

1. Ist Kompromißbereitschaft charakterlos?
»Ihr werdet in eurem Leben immer wieder Menschen begegnen, die es für charaktervoll halten, jeden Widerstand, jeden Widerspruch, jede Andersartigkeit mit Gewalt zu unterdrücken; ja, die stolz darauf sind, Widerstand und Feindschaft zu finden. ›Viel Feind, viel Ehr‹ heißt es darum, und ›Jedes Nachgeben ist charakterlos‹ usw. So redet nur, wer noch kein Augenmaß für menschliche Verhältnisse, noch keinen Kontakt mit der Wirklichkeit und kein Organ für vorhandene Werte hat. Ewige Tertianer! Sie beur-

teilen ihre eigene Kraft nur an den Trümmern, die sie auf ihrem Weg zurücklassen, sie halten es für verdienstvoll, möglichst viel feines Porzellan zu zerschlagen, und jubeln kindisch über das Klirren der Scherben. Sie halten es für das Zeichen eines starken Charakters, niemals einen Schritt zurückzugehen, niemals einem anderen auszuweichen.

Solange wir Kinder sind, mögen wir uns solchen Träumen von der Weltherrschaft unseres kleinen Ich hingeben. Wer es aber als Erwachsener noch nicht gelernt hat, der ist ein Unglück für seine Mitmenschen und schließlich auch für sich selbst. Einem anderen Menschen, nur weil er anders ist, bildlich oder in Wirklichkeit den Schädel einzuschlagen, das hat mit Charakter sehr wenig zu tun. Wahrhaftig, es gehört ein viel größerer Charakter dazu, sich mit den anderen zu verstehen und zu vertragen, ohne sich selbst dabei aufzugeben. Das Miteinanderauskommen, ohne sich gegenseitig den Schädel einzuschlagen, ist die eigentliche Aufgabe des Lebens. Wie ahnungslos ist derjenige, der darin nur Schwäche und feiges Nachgeben sieht. Nein, gerade hier wird wirklich gekämpft und gerungen, oft lange, zäh, unendlich mühsam, ehe man einen Schritt weitergekommen ist . . .

Gewiß muß man auf manches verzichten, man muß nachgeben lernen, ohne seinen Charakter preiszugeben. Ja, in solchem Miteinanderleben bildet sich überhaupt erst der Charakter.«

(in Dietrich Bonhoeffer, »Fragmente aus Tegel« 1978, Seite 150 f.)

2. Worum geht es bei einem Kompromiß?

»Eben nicht darum, den anderen als Leiche auf dem Kampffeld zurückzulassen, sondern seine Einwilligung in meinen Willen zu erringen oder besser gesagt: zwischen ihm und mir einen gemeinsamen Willen herzustellen, also aus einem Feind einen Freund zu machen. Dabei wird es nie ohne Verzichte von beiden Seiten abgehen, vor allem nie ohne gegenseitige Anerkennung und Achtung.«

(in Dietrich Bonhoeffer, »Fragmente aus Tegel« 1978, Seite 151)

3. Wo hört die Kompromißbereitschaft auf?

»Wenn sich eine Macht gegen uns erhebt, die die Vernichtung alles dessen sucht, was uns das Leben wert und wichtig gemacht hat . . ., wenn wir in dieser Macht die Zerstörung aller Lebensordnungen, wenn wir in ihr die Inkarnation des Bösen erkennen müs-

sen . . ., dann kann es nicht mehr darum gehen, miteinander auszukommen um jeden Preis, sondern dann geht es um die Inhalte, um die letzten Überzeugungen, Werte und Maßstäbe, um das ›Alles oder Nichts‹; dann wird der zum Verräter, der sich um die Entscheidung drückt.«
(in Dietrich Bonhoeffer, »Fragmente aus Tegel« 1978, Seite 160f.)
4. Was ist sowohl an der radikalen wie auch an der Kompromißlösung problematisch?
»Beide Lösungen sind in gleicher Weise extrem und enthalten in gleicher Weise Wahres und Falsches. Sie sind extrem, weil sie Vorletztes und Letztes in ausschließenden Gegensatz zueinander stellen . . . Der Radikalismus haßt die Zeit, der Kompromißmus haßt die Ewigkeit. Der Radikalismus haßt die Geduld, der Kompromißmus haßt die Entscheidung. Der Radikalismus haßt die Klugheit, der Kompromißmus haßt die Einfalt. Der Radikalismus haßt das Maß, der Kompromißmus haßt das Unermeßliche. Der Radikalismus haßt das Wirkliche, der Kompromißmus haßt das Wort.«
(in Dietrich Bonhoeffer, Ethik 1963, Seite 136 und S. 138f.)
III. Wer einen Kompromiß suchen, aber nicht einfach den Weg des geringsten Widerstandes gehen will, der braucht für seine Entscheidung Maßstäbe, Kriterien.

1. Für Menschen in der Nachfolge Jesu sind folgende Gesichtspunkte immer wichtig:

– daß Gottes Wille die oberste Norm ist und als solcher in unserer Entscheidung erkennbar bleibt (2 Mose 20,2–3);
– daß sich in unserer Handlungsweise die Verbundenheit mit den Geringen erweist (Mt 9,12; 25,31–46);
– daß unser Tun mit der Barmherzigkeit und Liebe vereinbar ist, die auch den Feind einschließt (Mt 5,38–48).

2. Alles, was wir sagen, muß wahr sein; wir müssen aber nicht alles sagen, was wahr ist (Mt 10,16).

3. Häufig ist die Entscheidung für einen Kompromiß von weitreichender Bedeutung. Wenn wir nicht fehlgehen wollen, ist wichtig:

– die ernsthafte Selbstprüfung vor Gott;

– das intensive Bemühen um sachliche Information;

– das Gespräch mit anderen, und zwar möglichst nicht Gleichgesinnten, von denen nur Bestätigung zu erwarten ist.

4. Gottes Wort ist letzter Maßstab.

In der Wüste, nach einer Zeit des Fastens, wurde Jesus Christus ganz massiv vom Hunger angefochten. Die Versuchung war überstark, seine göttliche Vollmacht zur Beschaffung von Brot unter Beweis zu stellen. Doch Jesus lehnte kompromißlos ab, seine Kräfte selbstsüchtig nur zu seinem eigenen Nutzen einzusetzen. Hart, unnachgiebig war er gegen sich selbst. So allein vermochte er seinen Auftrag zu erfüllen. Für seine Mitmenschen hat er, so berichtet uns die Bibel, seine Macht eingesetzt, um ihnen Brot zu schaffen. Da hat er geholfen, um dem Hunger und der Hilflosigkeit zu begegnen und diese Menschen auf Gott hinweisen zu können. In allen Dingen ist Jesus Christus den Menschen entgegengekommen, um ihnen den Weg zu Gott zu ermöglichen. Dies Dank seiner Kompromißlosigkeit sich selbst gegenüber.

5. Bibelworte zum Nachdenken:

– Jesus Christus an die Gemeinde zu Laodicea:
»Ich weiß deine Werke, daß du weder kalt noch warm bist. Ach, daß du kalt oder warm wärest! Weil du aber lau bist, werde ich dich ausspeien aus meinem Munde« (Offb 3,15–16).

– Paulus an die Korinther:
»Ich bin allen alles geworden, damit ich auf alle Weise etliche rette« (1 Kor 9,22).

– Die Apostel vor dem Hohen Rat:
»Man muß Gott mehr gehorchen als den Menschen« (Apg 5,29).

– Jesus zu den Schriftgelehrten:
»So gebt dem Kaiser, was des Kaisers ist, und Gott, was Gottes ist« (Lk 20,25).

IV. GEBET

Herr, bei jedem Wort und Werke
mahne mich dein Geist daran:
Hat auch Jesus so geredet?
Hat auch Jesus so getan?

Bin ich auch bei meinem Wallen
meines Meisters treuer Knecht?
Kann mein Wandel ihm gefallen?
Ist mein Wille vor ihm recht?

Folg ich ihm, wohin er gehet?
Oder stehet noch mein Sinn,
wo der Wind der Welt hin wehet?
Zeig mir, Jesu, wo ich bin!

Dir zu folgen laß alleine
meinen Ruhm und Ehre sein;
prüf, erfahre, wie ich's meine,
tilge allen Heuchelschein!

Deinem Willen nachzuleben,
deinem Vorbild nur allein,
laß mein feuriges Bestreben,
Jesu, bis ans Ende sein!

Christoph Karl Ludwig von Pfeil, 1712–1784

EmKG Nr. 438

Fragen zu Kapitel 6 – »Kompromisse – ja oder nein?«

I. 1. Haben Sie schon Kompromisse geschlossen? Wenn ja, welche? _____

_____

_____

_____

Wie wirkt sich das aus, wenn im Kleinen und im Großen keine vermittelnden Zugeständnisse gemacht werden? _____

_____

_____

_____

Was müssen Sie lernen? _____

_____

_____

_____

2. Wie kann man vorgehen, wenn unter Christen verschiedener Konfessionen und theologischer Grundrichtungen strittige Fragen auftreten? _____

_____

_____

_____

_____

Was wäre ein fauler Kompromiß? _____

_____

_____

_____

3. Welche Angst kann dahinterstecken, keinen

Kontakt zu Nichtchristen zu haben? _____

_____

_____

_____

Wieso gehört zum Kompromiß Mut? _____

_____

_____

_____

Können Sie dem Satz zustimmen: »Wer glaubt, ist
kompromißbereit«? _____

_____

_____

_____

Wenn ja, begründen Sie Ihre Meinung. _____

_____

_____

_____

II.   Versuchen Sie, mit eigenen Worten das von
       Dietrich Bonhoeffer Gesagte zu wiederholen.
    1. Wieso bezeichnet er es als Unglück, wenn einer
       nicht gelernt hat, Kompromisse zu schließen? ____

_____

_____

_____

Inwiefern bildet sich erst dabei der Charakter?
(Bedenken Sie auch die Bibelstelle: Offb 3,15 ff.;
»lau sein« = charakterlos?) _____

_____

_____

_____

_____

2. Worum geht es bei einem Kompromiß? _____

_____

_____

_____

_____

3. Wo hört die Kompromißbereitschaft auf? _____

_____

_____

_____

_____

4. Was ist sowohl an der radikalen als auch an der Kompromißlösung problematisch? _____

_____

_____

_____

III. 1. Gesichtspunkte für Christen, die einen echten Kompromiß schließen wollen:

a) _____

_____

_____

b) _____

_____

_____

c) _____

_____

_____

2. Was muß man nicht unbedingt sagen, auch wenn es wahr sein sollte? _____

_____

_____

_____

_____

3. Was sollte einem noch wichtig sein, wenn man einen Kompromiß eingeht? _____

_____

_____

_____

4. In welchen Fällen war Jesus kompromißbereit, und wann hat er andererseits einen Kompromiß abgelehnt? _____

_____

_____

_____

5. Ist das Wort des Paulus in 1. Korinther 9, 22 nicht gerade ein Beispiel für einen »faulen Kompromiß«? _____

_____

_____

_____

Persönliche Fragen:

1. Wo gibt es in Ihrem Leben »faule Kompromisse«?

_____

_____

_____

_____

114

Warum räumen Sie diese nicht aus?

_____

_____

_____

_____

_____

2. In welchen Beziehungen wollen Sie kompromißbereit werden, damit die Schwierigkeiten bewältigt werden?

_____

_____

_____

_____

Was werden Sie unternehmen?

_____

_____

_____

_____

Merkvers: »Gebt dem Kaiser, was des Kaisers
          ist,
          und Gott, was Gottes ist!« (Mt 22,21).

Name: _____

Vorname: _____

Straße: _____

Ort: _____

Persönliche Überlegungen:

Kapitel 7

Haltet euch nicht selbst für klug. Vergeltet niemand Böses mit Bösem. Befleißigt euch der Ehrbarkeit gegen jedermann. Ist es möglich, soviel an euch ist, so habt mit allen Menschen Frieden. Rächet euch selber nicht, meine Lieben, sondern gebt Raum dem Zorn Gottes; denn es steht geschrieben (5 Mose 32,35): »Die Rache ist mein; ich will vergelten, spricht der Herr.« Vielmehr (Spr 25,21–22): »Wenn deinen Feind hungert, so speise ihn; dürstet ihn, so tränke ihn. Wenn du das tust, so wirst du feurige Kohlen auf sein Haupt sammeln.« Laß dich nicht vom Bösen überwinden, sondern überwinde das Böse mit Gutem.

Römer 12,17–21

Merkvers: »Ist es möglich, soviel an euch ist, so habt mit allen Menschen Frieden« (Röm 12,18).

Friedensmacher – positiv streiten lernen

Gewiß kennen Sie diese Redewendung:»Laß mich in Frieden!« Vielleicht gehört sie sogar zu Ihrem Sprachgebrauch.»Laß mich in Frieden!« – ist das wirklich ein versöhnendes Wort? Wenn es in den Mund genommen wird, schwingt immer etwas Gereiztes, Aggressives mit. Abwehr statt einer ausgestreckten Hand. Rückzug und Abkapselung statt offener, freimütiger Begegnung.

Erika antwortet auf den Hinweis ihrer Mutter, sie solle doch ihr Zimmer etwas mehr in Ordnung bringen, mit den Worten:»Laß mich in Frieden!« – Klaus beantwortet die Klagen seiner Frau, er habe keine Zeit mehr für sie und die Kinder mit dem Hinweis:»Laß mich in Frieden!« – In Familie S. wird heftig gestritten. Vater zitiert tobend das Sündenregister von Tochter Brigitte. Mutter wirft dem Vater Versagen vor, und als Helmut, der Sohn des Hauses, wegen seiner langen Mähne auch noch eins draufbekommt, reagiert er mit den Worten:»Laßt mich in Frieden!« – und krachend fliegt die Wohnungstür ins Schloß.

Wer so »in Frieden« gelassen werden will, wird selbst kaum Frieden finden und noch weniger schließen können. Er mag friedliebend und friedlich sein, doch ist er kein Friedensmacher. Denn er weiß, daß etwas getan werden müßte, um die Sache in Ordnung zu bringen. Aber er weiß auch, wenn er sich einsetzt, bringt es ihm Schwierigkeiten und Ärger.»Um des lieben Friedens willen« entschließt er sich daher, nichts zu tun und den Mund zu halten. Er läßt also zu, daß die ganze Angelegenheit ungeklärt bleibt, weil seine »Feindesliebe« ihn veranlaßt, allen Auseinandersetzungen aus dem Weg zu gehen. Wer sich so verhält, ist kein Friedensmacher, sondern ein Unruhestifter. Denn wer zum Ungeklärten ja sagt, stiftet Unruhe.

Friede entsteht nicht dadurch, daß man einem Problem aus dem Weg geht, sondern sich ihm stellt. Ein Friedensmacher ist daher ein Mensch, der bereit ist, Ärger, Unbeliebtheit und andere Unannehmlichkeiten in Kauf zu nehmen, um Frieden zu machen. Frieden schaffen und halten ist Arbeit. Sie kann nur bewältigt werden von Menschen, die den Mut haben, Frieden zu machen in dem bewußten Einsatz ihrer Persönlichkeit, oft mühsam in großer Geduld und in kleinen Schritten.

I. Das zentrale Ereignis, das es ermöglicht, Frieden zu machen, ist das Heilwerden der Beziehung des Menschen zu Gott.

1. Friede mit Gott ist die grundlegende Voraussetzung für ein Leben im Frieden. Daß also unser Verhältnis zu Gott nicht belastet ist, muß unsere vornehmste Sorge sein. Das meint Jesus, wenn er uns auffordert: »Strebt zuerst danach, daß ihr euch der Herrschaft Gottes unterstellt, und tut, was er verlangt, dann wird er euch mit allem anderen versorgen« (Mt 6,33; Die Gute Nachricht).

Von Gottes Seite aus sind ja alle Voraussetzungen für eine gute Beziehung zu ihm erfüllt. Er gab seinen Sohn, damit alle, die sich im Glauben an ihn binden, sinnvolles Leben haben (Joh 3,16; 10,10). »Fürwahr, er trug unsre Krankheit und lud auf sich unsre Schmerzen . . . er ist um unserer Missetat willen verwundet und um unserer Sünde willen zerschlagen. Die Strafe liegt auf ihm, auf daß wir Frieden hätten, und durch seine Wunden sind wir geheilt« (Jes 53,4–5).

Von unserer Seite aus gilt es, dankbar dieses Angebot anzunehmen und zu leben. Wir empfangen nicht nur Wegweisung in kritischen Lebenslagen, wir bekommen auch Kraft und Weisheit, wenn es darum geht, Entscheidungen zu treffen, verantwortlich zu agieren und zu reagieren, in Geduld auszuharren, in Anfechtungen zu siegen, in Liebe zu tragen, in Demut zu verzeihen.

Wenn wir diese Möglichkeiten ausschöpfen, haben wir Anteil am Leben Gottes. Sein Friede regiert unser Herz.

2. Dann ist da die Beziehung des Menschen zu sich selbst. Wer Frieden mit Gott hat, erfährt die Kraft dieses Friedens in sich selbst. Ihm liegt nichts mehr im Wege, auch sich selbst anzunehmen, ja zu sich zu sagen, nachdem er von Gott angenommen und bejaht ist. Frieden mit sich selbst haben bedeutet, daß der Kampf, der in der eigenen Seele tobte, zur Ruhe gebracht wurde. Die innere Zerrissenheit der Persönlichkeit hat in der Machtübernahme Jesu ihr Ende gefunden. Der Einfluß des neuen Geistes, des Geistes Gottes, macht sich bemerkbar. Es gibt einen Weg aus dem Di-

lemma, das Paulus so beschreibt: »Denn nicht das Gute, das ich will, tue ich, sondern das Böse, das ich nicht will, das tue ich« (Röm 7,19). Durch Jesus bin ich befriedet. Nun heißt es: »Ich lebe, doch nun nicht ich, Christus lebt in mir« (Gal 2,20). Von Jesus Christus beherrscht sein beendet die Widersprüche in einem selbst. Vorbei ist es mit dem »Laß mich in Frieden!«.

3. Wer Frieden mit Gott gefunden hat, wer selbst befriedet ist, sucht auch den Frieden mit seinem Nächsten. Er gestaltet seine Lebenspraxis nicht mehr nach den Verhaltensmustern dieser Welt: »Laß mich in Frieden!«, sondern übt sich ein in ein neues Verhalten. Sein Ziel ist, heile zwischenmenschliche Beziehungen herzustellen.

Die Welt, auch die eigene kleine, ist durch den Frieden mit Gott und den eigenen Frieden im Herzen nicht einfach anders, sie ist nicht in ein Paradies verwandelt worden. Und trotzdem! Wer heile Beziehungen zu seinem Gott und zu sich selbst hat, braucht vor der Auseinandersetzung nicht mehr zu resignieren. Er reift mit Jesus an den Auseinandersetzungen. Er lernt, sich als Friedensmacher zu bewähren. Er arbeitet der Unverträglichkeit entgegen durch Nachsicht. Der Unfähigkeit, mit anderen in Ordnung zu kommen, mit Geduld. Der Fehlhaltung, geschehenes Unrecht mit neuem Unrecht zu beantworten, mit Vergebung.

Weil der, der Frieden macht, weiß, daß Gott der Herr aller Lebenslagen ist, wird er sich nicht mehr von Furcht und Haß bestimmen lassen, sondern vom Geist der Liebe und der Zuversicht.

II. Es gibt in jeder Gemeinschaft Menschen, die durch ihren Einfluß entzweien, und andere, die versöhnen. Es gibt solche, die Streit säen, und solche, die Frieden machen. Wir wollen nicht vergessen, daß Versöhnung im Sinne Jesu eine Gott zugewandte Seite und eine dem Menschen zugewandte Seite hat. Es ist eine Versöhnung der Menschen mit Gott und der Menschen miteinander. Keiner ist glücklicher dran als der, der rechte Beziehungen zwischen Menschen und Menschen schafft, erhält und wiederherstellt. Darum wird er in der Bibel »selig« gepriesen (Mt 5,9). Die Verheißung dieser Seligpreisung lautet: »Die Frieden machen, werden Kinder Gottes heißen.« Das heißt: Sie werden anerkannt als . . ., erhalten den Status von . . ., werden angesehen als Kinder Gottes.

III. Seelsorgerliche Hilfen zum positiven Streiten.

- Ich mache mir bewußt: Mein Gesprächspartner ist wie ich eine von Gott geliebte Persönlichkeit.

- Ich will meine Gedanken unter die Zucht des Heiligen Geistes stellen.

- Ich erbitte von Gott Weisheit, zur rechten Zeit zu reden und im richtigen Augenblick zu schweigen.

- Ich will mehr Wert legen auf meine Liebe zu Jesus und die Gemeinschaft mit meinem Nächsten, als auf das »Recht-haben-Müssen«.

- Ich investiere vorweg Vertrauen in meinen Gesprächspartner.

- Ich halte Person und Sache auseinander.

- Ich sage meine subjektive Meinung, die von meiner Erziehung, meinem Umfeld, meinem Wissen, meiner Erfahrung geprägt ist.

- Ich ziehe keine fremden Autoritäten heran, indem ich mich weder hinter einem allgemeinen »man« noch einem rückenstärkenden »wir« verstecke.

- Ich spreche meine Überzeugung nicht auf Verdacht hin aus, sondern nur, wenn ich sie begründen kann.

- Ich rechne keine alten Geschichten und Fehler der Vergangenheit auf.

- Ich bleibe bei der Sache und fasse mich kurz.

- Ich bemühe mich, mein Anliegen verständlich zu machen, damit ich verstanden werde.

- Ich frage zurück, wenn ich die Zusammenhänge nicht verstanden habe, um Mißverständnisse zu vermeiden.

- Ich will geduldig an der Gesprächsentwicklung arbeiten.
- Ich denke erst und reagiere nicht voreilig.
- Ich sage die Wahrheit in Liebe.
- Ich vermeide Spitzen, die den anderen verletzen.
- Ich kontrolliere meine Worte, denn sie sind Ausdruck meines Denkens.
- Ich spreche meinen Unmut und Ärger aus.
- Ich belehre nicht von oben herab.
- Ich achte auf meine Gefühle, damit ich nicht unsachlich werde und negative Gedanken in mir sich festsetzen.
- Ich gehe nicht mit einer bestimmten Gesprächstaktik vor.
- Ich manipuliere meinen Gesprächspartner nicht.
- Ich führe nicht tierisch ernst, sondern mit Gelassenheit die Auseinandersetzung.
- Ich will mich in meinen Gesprächspartner hineinversetzen, um ihn besser zu verstehen.
- Ich respektiere seine Meinung, da er wie ich seine Erfahrungen gemacht hat.
- Ich akzeptiere seine Andersartigkeit und ordne sie als Bereicherung meines Lebens ein.
- Ich nehme ihn ernst in seinem Verhalten und in seinen Gefühlen.
- Ich höre ihm bewußt zu und lasse ihn ausreden.
- Ich werte seine Ausführungen nicht durch mein »endgültiges Vorurteil« von vornherein ab.
- Ich wage zur besseren Verständigung das Risiko, aus meiner Reserve herauszugehen.
- Ich will in der Auseinandersetzung dazulernen und meinen Blickwinkel weiten lassen.

- Ich bin offen für neue Informationen und mehr Sachkenntnis über entgegengesetzte Auffassungen.

- Ich nehme berechtigte Kritik an meiner Person an.

- Ich bin bereit, meine Meinung zu ändern, wenn sie von Gegenargumenten und neu gewonnenen Erkenntnissen widerlegt wird.

- Ich will reifen durch die Auseinandersetzung.

- Ich stehe zu meiner Schuld, wenn ich sie erkenne.

- Ich bitte nach geklärter Sachlage bewußt um Vergebung.

- Ich spreche, wenn der andere an mir schuldig wurde, auf seine Bitte hin das Wort der Vergebung.

- Ich bin bemüht, daß wir nicht im Zorn auseinandergehen.

- Ich strebe die Überwindung des Trennenden an.

- Ich sehe und betone dankbar das Verbindende und die Übereinstimmungen.

- Ich resigniere nicht bei Rückschlägen.

- Ich trage Spannungen nicht ganz geklärter Dinge und gebe sie im Gebet an Gott ab.

Ein solches Verhalten trägt bei zu einem positiven Streiten. Es ist das praktische Einüben eines friedfertigen, gewaltfreien und menschlichen Umgangs miteinander in dem Sinne der Aufforderung des Apostels Paulus: »Ist es möglich, soviel an euch ist, so habt mit allen Menschen Frieden« (Röm 12,18).

IV. GEBET

»O Herr, mach mich zum Werkzeug deines Friedens:
daß ich Liebe übe, wo man sich haßt,
daß ich verzeihe, wo man sich beleidigt,
daß ich verbinde, da wo Streit ist,
daß ich die Wahrheit sage, wo der Irrtum herrscht,
daß ich Hoffnung wecke, wo Verzweiflung quält,
daß ich ein Licht anzünde, wo die Finsternis regiert,
daß ich Freude mache, wo der Kummer wohnt.
Ach Herr, laß mich trachten,
nicht daß ich getröstet werde, sondern daß ich andere tröste;
nicht daß ich verstanden werde, sondern daß ich andere verstehe;
nicht daß ich geliebt werde, sondern daß ich liebe.
Denn wer da hingibt, der empfängt,
wer sich selbst vergißt, der findet,
wer verzeiht, dem wird verziehen,
und wer da stirbt, der erwacht zum ewigen Leben.«

Wer dieses Gebet sich zu eigen macht, täglich diese Worte in seinem Herzen bewegt und dadurch die Gesinnung Jesu in sein Herz hereinholt, der gehört zu den Friedensmachern, die Jesus seligpreist.

Fragen zu Kapitel 7 – »Friedensmacher – positiv streiten lernen«

Unter welchen Umständen und bei welchen Ereignissen können Sie nicht um des »lieben Friedens willen« schweigen? _____

_____

_____

_____

Wann sollten Sie es doch tun? _____

_____

_____

Was gehört zum aktiven Frieden-*machen* dazu? __

_____

_____

_____

I. 1. Wodurch ist ein »Frieden-machen« überhaupt erst möglich? _____

_____

_____

_____

Wie können Sie mit Gott in Frieden kommen? __

_____

_____

_____

2. Hat jeder, der mit Gott im Frieden ist, automatisch Frieden mit sich selbst? _____

_____

_____

Wenn nicht, was ist zu tun?_____

_____

_____

_____

3. Wie sieht es in Ihrem eigenen Leben aus? Suchen Sie Frieden mit Ihrem Nächsten?_____

_____

_____

Wie?_____

_____

_____

_____

II. Ist es nicht auch Friede, wenn Nichtchristen gut miteinander auskommen?_____

_____

_____

_____

Persönliche Fragen:

III. Versuchen Sie, mit eigenen Worten einige dieser seelsorgerlichen Hilfen aufzuschreiben, die Sie persönlich verwirklichen wollen im Blick auf
a) Ihre Beziehung zu Gott

_____

_____

_____

_____

b) Ihre Beziehung zu sich selbst

_____

_____

_____

_____

_____

c) Ihre Beziehung zu Ihrem Nächsten

_____

_____

_____

_____

_____

Merkvers: »Ist es möglich, soviel an euch ist,
so habt mit allen Menschen Frieden«
(Röm 12,18).

Name: _____

Vorname: _____

Straße: _____

Ort: _____

Persönliche Überlegungen:

Hänssler-Bücher:
Zielbewußt im Durcheinander unserer Zeit!

Hänssler-Bücher:
Zielbewußt im Durcheinander unserer Zeit!

Hansjörg Bräumer: Glauben wagen
Pb., 220 S., Nr. 56 546, DM 21.80

Eine aus dem Rahmen des Üblichen fallende Beschäftigung mit der Dreieinigkeit Gottes. Sie lädt ein zu einem begründeten Glauben an Gott, den Vater, den Schöpfer; an den Sohn, den Erlöser; an den Heiligen Geist als den, der die Erlösung Gottes zur Lebenswirklichkeit werden läßt.

Edith Schaeffer: über lebens hilfe
Pb., 200 S., Nr. 56 540, DM 19.80

»Es gibt heute nichts Absolutes, keinen Gott, der heute zu uns redet!« Dieser Meinung des Zeitgeistes setzt die Autorin die Zehn Gebote entgegen. Als denkbar praktisch umsetzbare Lebenshilfe Gottes garantieren sie eine Lebenserfüllung ohnegleichen.

Albrecht von Aufseß:
Man sieht den Wald vor lauter Bäumen nicht
Tb., 96 S., Nr. 56 700, DM 5.80

In einer aus den Fugen geratenen Welt muß der Mensch wieder zur Schöpfungsordnung Gottes zurückfinden. Denn schließlich geht es nicht allein um die Rettung des Waldes, sondern um die Rettung des Menschen . . .

Albrecht von Aufseß: Zeit zum Leben
Tb., 176 S., Nr. 56 717, DM 7.80

Kann man glücklich im Heute leben? Man kann, meint der Autor. Er erschließt das Heute als Gelegenheit des Glücks, der sinnvollen Gestaltung und des Gehorsams gegenüber dem lebendigen Gott, der uns »Zeit zum Leben« gibt.

Bitte fragen Sie in Ihrer Buchhandlung nach diesen Büchern!
Oder schreiben Sie an den Hänssler-Verlag, Postfach 1220,
D-7303 Neuhausen-Stuttgart

Streßbewältigung und Glaube

Mit Streß leben
von Kurt Scherer

Tb., 192 S.,
Nr. 70 408,
ca. DM 8.80

Streß ist mehr als eine rein berufliche Überforderung. Der Tod eines Ehepartners, eine Verletzung, Krankheit, der Verlust des Arbeitsplatzes – viele Gründe und Erfahrungen können ihn auslösen.
Grundsätzlich kann man aber Streß auch positiv sehen, Er entsteht, wenn wir uns auf Situationen vorbereiten, in denen wir gefordert werden. Eine falsche Überbelastung jedoch kann nur vermieden werden, wenn Geist, Seele und Leib eine Harmonie bilden. Scherer orientiert sich an der Bibel und der Erfahrung, wenn er den Weg zum inneren Gleichgewicht weist.

Kapitel 8

Bewältigte Anfechtungen

Zu den, dem heutigen Menschen am meisten zusetzenden Streß-
ursachen gehören Zweifel, Einsamkeit, Angst und die Sorge,
abgeschrieben zu sein. Sie treiben in die Enge, schmälern die
Lebenskraft. Groß ist die Sehnsucht nach einem Ausweg aus
dieser Zwangslage.

Die frohe Botschaft der Bibel lautet: Es gibt einen Weg. Gott läßt
uns durch den Propheten Jesaja sagen: »Fürchte dich nicht, denn
ich habe dich erlöst; ich habe dich bei deinem Namen gerufen, du
bist mein! Denn so du durchs Wasser gehst, will ich bei dir sein,
daß dich die Ströme nicht sollen ersäufen; und so du ins Feuer
gehst, sollst du nicht brennen, und die Flamme soll dich nicht
versengen. Denn ich bin der Herr, dein Gott, der Heilige in Israel,
dein Heiland. Ich habe Ägypten für dich als Lösegeld gegeben,
Äthiopien und Seba an deine Statt. Weil du so wert bist vor
meinen Augen geachtet, mußt du auch herrlich sein, und ich habe
dich lieb, darum gebe ich Menschen an deine Statt und Völker für
deine Seele. So fürchte dich nun nicht, denn ich bin bei dir« (Jes.
43, 1b–5a).

Die Aussagen dieses Bibelabschnittes wollen alle nur eins: Sie
wollen uns drei Worte einprägen: *»Fürchte dich nicht!«* Diesen
Zuspruch gilt es immer wieder mit Vertrauen in unser Denken
aufzunehmen!

»Fürchte dich nicht!« – ein Zuspruch für alle, die bewußt oder
unbewußt, mit mehr oder weniger Angstgefühlen, mit Furcht dem
Morgen mit seinen Anforderungen, seinen Überraschungen und
den fälligen Entscheidungen nicht gewachsen zu sein, leben.

»Fürchte dich nicht!« – ein Zuspruch für alle, die zu verzweifeln
drohen, die Gott, ihre Umwelt und sich selbst nicht mehr verstehen; ein Zuspruch für alle, denen das Alleinsein den Lebensraum
zum Raum des Vegetierens machen will; ein Zuspruch für alle,
denen die Angst im Nacken sitzt und ihren Lebenswillen lähmt;
ein Zuspruch für alle, die sich abgeschrieben vorkommen und
nach Akzeptierung ihrer Persönlichkeit lechzen.